SOMOS TRANSFORMADOS
PARA EXPRESARLO A EL

Y EN ESA EXPRESIÓN,
TRANSFORMAMOS NUESTRA CULTURA

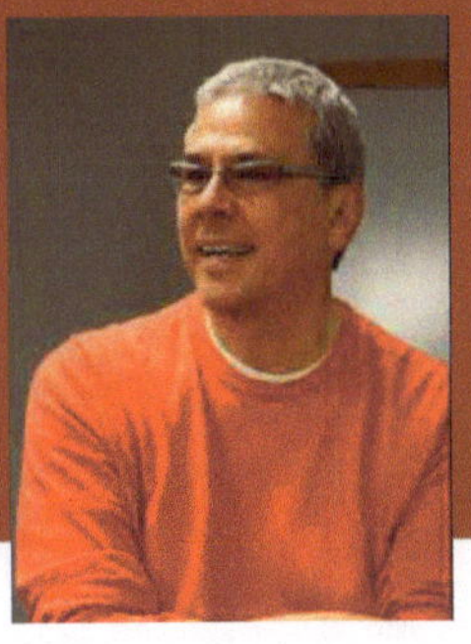

Nuestra vida, una obra de arte

Nuestro diario caminar es una continua expresión de nuestra vida; así también, la forma en que recibimos las expresiones de otros va moldeando nuestro sistema de pensamiento o percepción de la realidad; por tal motivo, es muy importante saber cómo procesar las formas de pensamiento de otras personas a través de diferentes medios, ya sean sociales o personales, así como la forma de comunicarnos para ser parte del cambio en el mundo que nos rodea. Este Ribro™ es un tratado que nos ayudará a entender cómo ser transformados y cómo impactar la vida de otros en nuestro lugar de influencia.

¡Hemos sido creados para transformar por medio de nuestra expresión!

«Porque con el corazón se cree para justicia, pero con la boca se confiesa para salvación».[1]

R i b r o ™

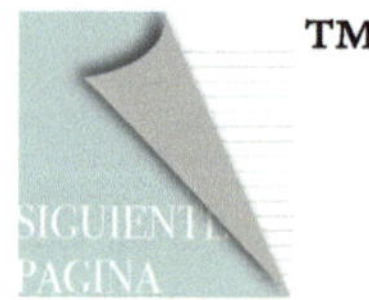

Libro con formato de revista que enseña, informa e ilustra.

Estos ribros son un punto de partida para despertar un interés en el lector, a través del texto y las imágenes, que lo lleven mas allá del contenido, haciendo uso de las referencias y sus propias investigaciones sobre la lectura.

«Todos somos parte de una historia, y la nuestra siempre tiene una siguiente página, que Dios quiere escribir con nosotros».

ISBN # 979-8-3304-1324-9
Primera Edición Junio 2020
Segunda Edición Febrero 2022
Tercera Edición Marzo 2025

Autor: Palemon Camú
Diseño gráfico y portada: Paulet Orozco
Diseño editorial: Carlos Moreno
Corrección de estilo: Salvador Eguiarte D.G
Traducción: Carlos Moreno

DIOS ESTÁ EN MI VIDA

Dios es la Chispa en mi vida,
lanzando chispas de alegría en mi.

Dios es el Muro en mi vida,
protegiéndome del temor.

Dios es mi ejército de un solo Hombre,
luchando contra el mal.

Dios es la Luz en mi vida,
mostrándome el camino.

Dios es el más verdadero Amigo en mi vida,
dándome el mejor consejo.

Dios es el Artista
pintando mi vida en una imagen hermosa.

Dios está en mi vida.

OLIVER CAMU

Un Proceso

LA OBRA DE DIOS, EL ARTISTA TIENE UN PROCESO EN NUESTRA VIDA QUE IMPLICA UN PROGRESO.

EN ESTE MOMENTO, DIOS ESTÁ MOLDEANDO Y PINTANDO SU OBRA DE ARTE EN NUESTRA VIDA, PRODUCIENDO LO QUE EL VIÓ EN NOSOTROS DESDE UN PRINCIPIO.

"EL PROCESO ES PARA ALCANZAR A REFLEJAR EL CORAZÓN DEL GRAN ARTISTA.

UN PROCESO HASTA VER EN SU MIRADA, NUESTRO REFLEJO"

CONTENIDO

PROPÓSITO

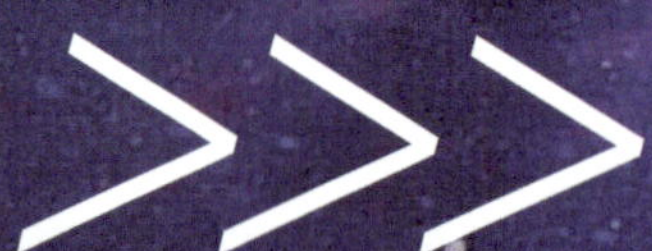

CAPACIDAD CREATIVA
TODO LO QUE EXISTE TIENE UN PRINCIPIO

DIOS, como artista, en su capacidad creativa, hizo todo de la nada. Lo que vemos de lo que no se veía, y le dió vida a Su obra.[2]

El hombre, al ser creado a la imagen de Dios, heredó esa capacidad creativa, pero limitada a la creación de Él. Para que la obra del hombre produzca vida, necesita estar conectado con su Creador.[3]

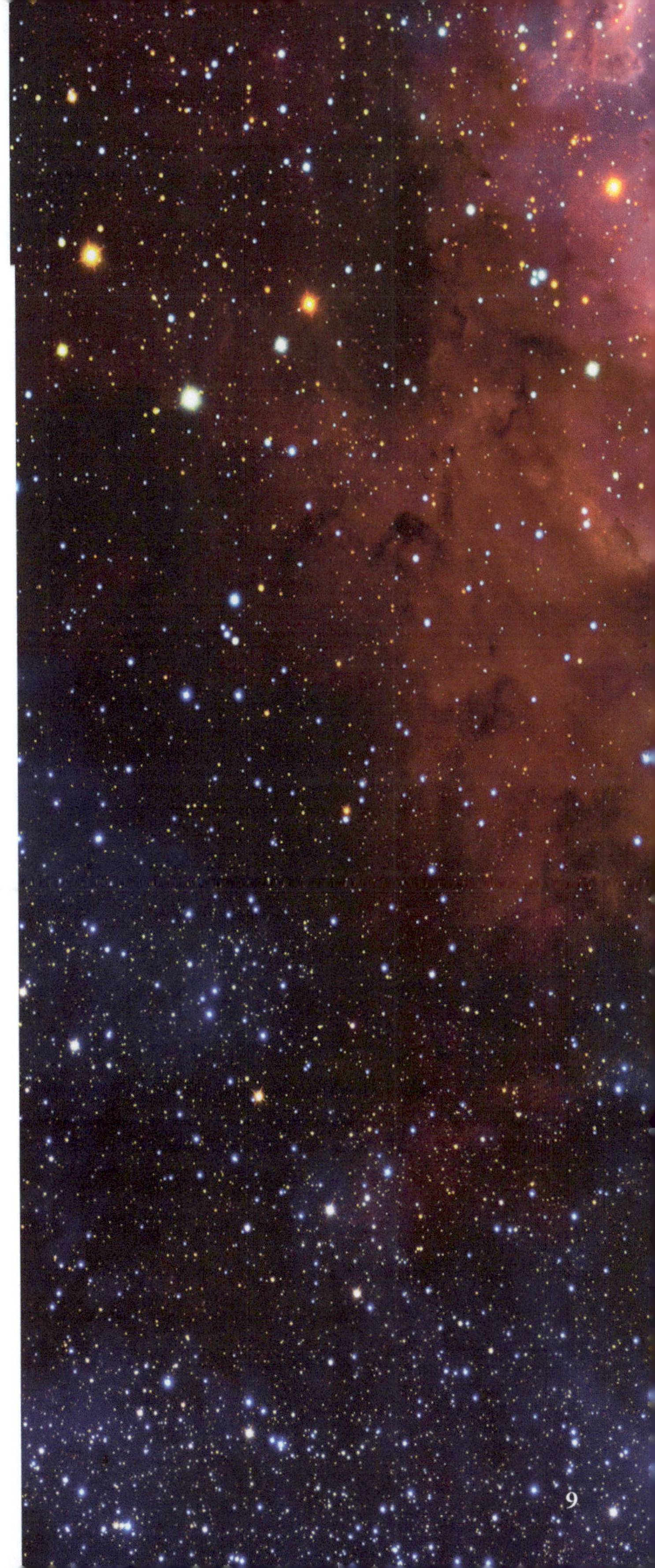

«**P**orque lo que de Dios se conoce les es manifiesto, pues Dios se lo manifestó. Porque las cosas invisibles de Él, Su eterno poder y deidad, se hacen claramente visibles desde la creación del mundo, siendo entendidas por medio de las cosas hechas, de modo que no tienen excusa».[4]

PABLO DE TARSO

EL UNIVERSO

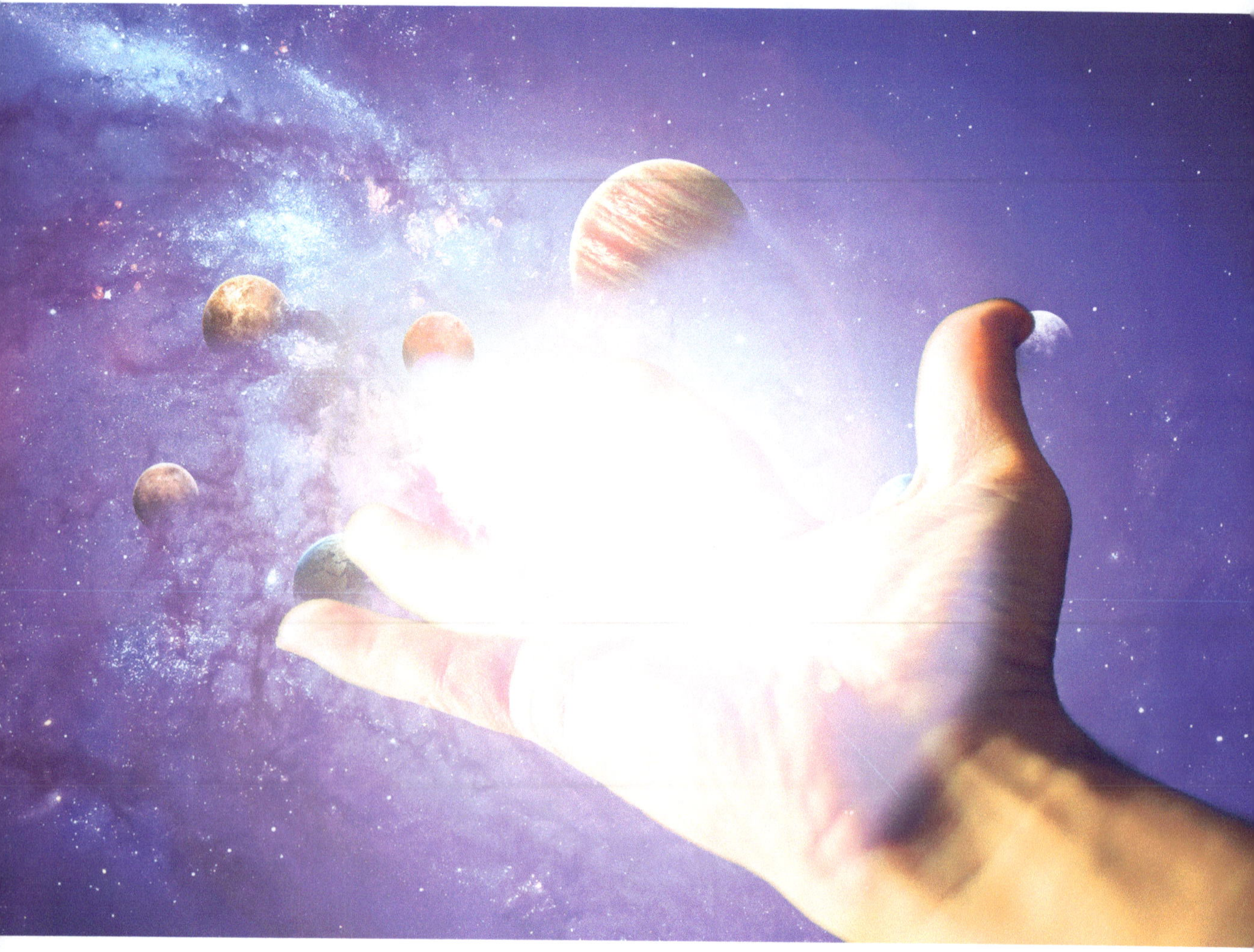

LA HISTORIA DEL UNIVERSO ES LA HISTORIA
MISMA DE SU CREADOR HABLADA EN
IMAGENES Y DEMOSTRADA CON SUS
DIFERENTES MANIFESTACIONES

EL INVISIBLE CREO LO VISIBLE

EL REY DAVID

Le preguntó a Dios:

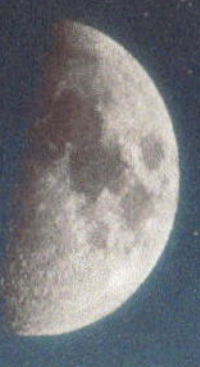

«Cuando veo tus cielos, obra de tus dedos, la luna y las estrellas que tú formaste, digo:

¿Qué es el hombre, para que tengas de él memoria, y el hijo del hombre, para que lo visites?»[5]

DAVID, UN HOMBRE CONFORME AL CORAZÓN DE DIOS...

David entendía la realidad de que Dios desea tener una relación con el hombre y revelarle Su corazón, Su poder, y ayudarlo a entender y vivir lo que Él es en esta Tierra.

Dios creó todo el universo, y entre los millones de galaxias, en uno de los sistemas solares más pequeños, creó el planeta Tierra, con una variedad impresionante de ecosistemas que nos refleja la perfección matemática, la belleza y el poder del Creador, dejándonos ver un propósito de acuerdo a Su naturaleza.

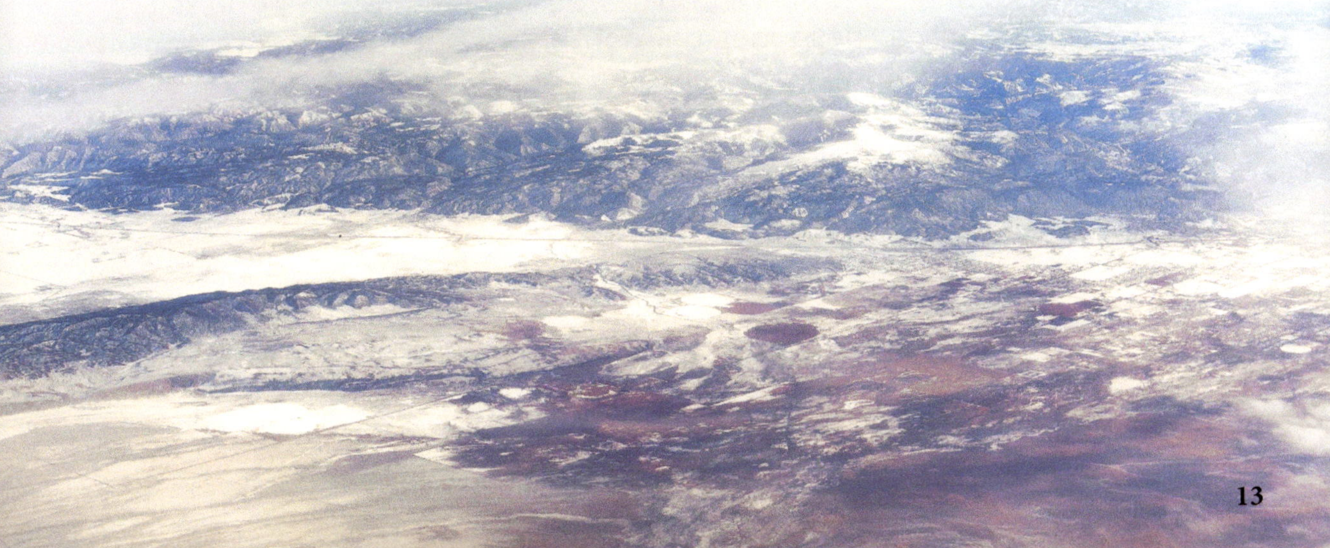

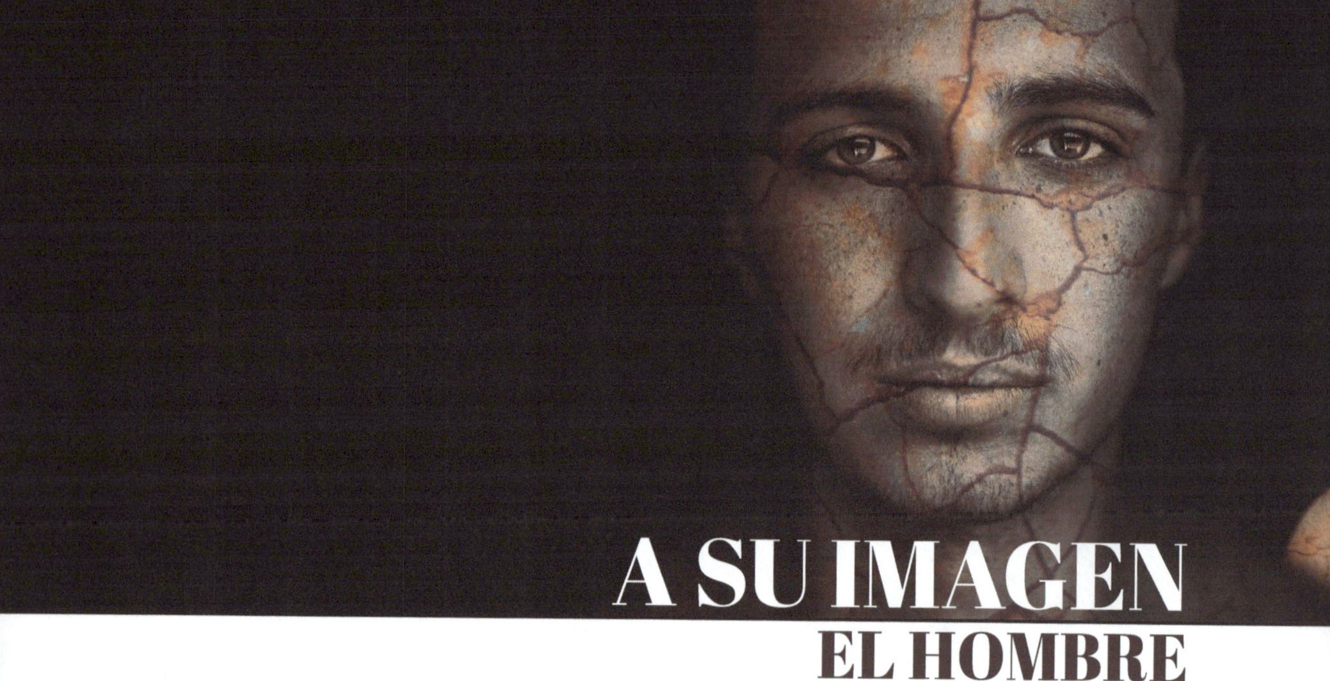

A SU IMAGEN
EL HOMBRE

Del mismo polvo de la tierra ó materia prima con la cual creó todo lo visible, formó al hombre con una vida y naturaleza biológica como los animales, **pero en ellos hizo algo diferente**: sopló Su propia vida[6] e imprimió en ellos Su naturaleza y Sus mismas características.[7]

El propósito es que ellos fueran el reflejo de Dios en la tierra.

Cuando Adán y Eva escucharon otra voz, dudaron de lo que Dios les había hablado, y como consecuencia, actuaron en contra de lo que oyeron de Dios y como resultado, pecaron. En ese momento se dieron cuenta de su desnudez y sintieron vergüenza, algo que nunca habían experimentado; su corazón quedó desnudo delante del Señor. Dios en su misericordia los cubrió con túnicas de pieles; este fué el primer sacrificio para cubrir la desnudez del hombre, simbolizando que ellos no podían cubrir su pecado por sí mismos.[8]

DIOS NUNCA DESNUDA NUESTRO CORAZÓN PARA AVERGONZARNOS; LO HACE PARA ACERCARNOS AL TRONO DE SU GRACIA
Y CUBRIRNOS DE SU GLORIA.[9]

El pecado distorsionó, no solamente la percepción y el conocimiento de la realidad de Dios, sino también nuestra identidad y propósito de tal forma que nuestra vida ya no refleja la verdadera imagen de Dios.

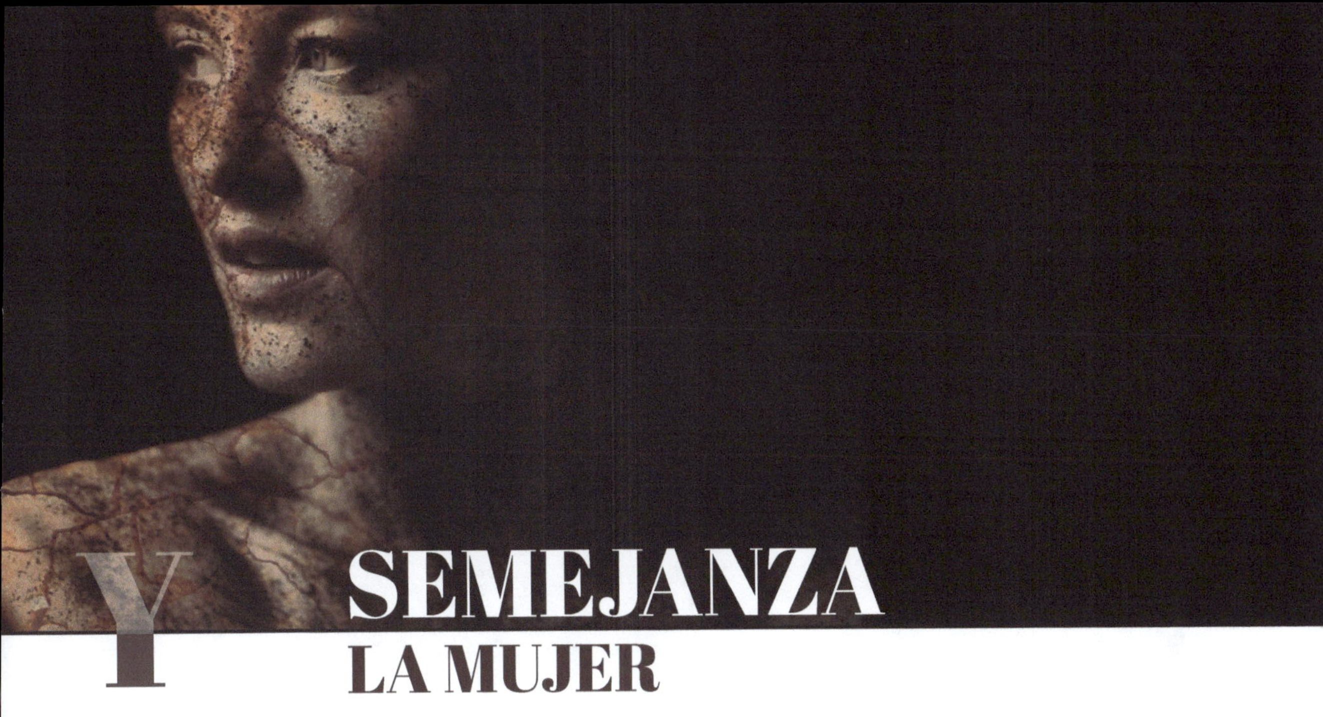

Y SEMEJANZA
LA MUJER

Está distorsión de identidad y de la percepción de la realidad se puede ver reflejada claramente en nuestra sociedad, por ejemplo, la mujer ha querido en gran parte demostrar su fuerza o su valor tratando de ser igual al hombre, pero el valor de la mujer está en ser verdaderamente mujer; mientras que el hombre ha querido demostrar su sensibilidad tomando una personalidad femenina cuando en realidad el hombre muestra esa sensibilidad al tomar su lugar como el verdadero hombre que Dios creó.

Algunos atribuyen el siguiente comentario al novelista, dramaturgo y poeta William Golding:

«Creo que las mujeres están locas si pretenden ser iguales a los hombres. Son bastantes superiores y siempre lo han sido. Cualquier cosa que des a una mujer, ella lo hará mejor.
    Si le das esperma, te dará un hijo.
    Si le das una casa, te dará un hogar.
    Si le das alimentos, te dará una comida.
    Si le das una sonrisa, te dará su corazón.
    Engrandece y multiplica cualquier cosa que les des.»

Dios decidió restaurar Su obra original, y Pablo de Tarso nos describe el proceso, en una carta escrita a los Filipenses. De esa manera el Espíritú Santo inspiró a Pablo a escribir algo para todos nosotros.

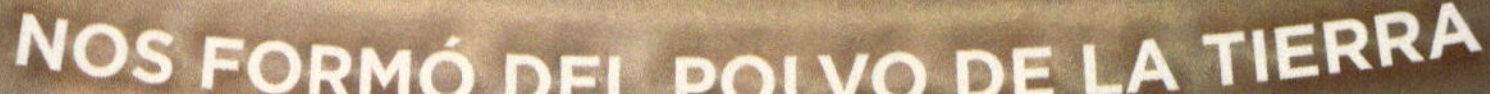

«Estando convencido de esto, que el que comenzó en nosotros la buena obra, **la perfeccionará** hasta el día de Jesucristo».[10]

Pablo de Tarso

EL PADRE

«*Ahora pues, Señor, tú eres nuestro Padre; nosotros barro, y Tú el que nos formaste; así que obra de tus manos somos todos nosotros*».[11]

Algo natural y necesario en cada padre es formar a sus hijos, dando protección, corrección y provisión (La corrección es parte de la protección y de la formación).

Una obra de arte realmente inicia cuando el artista la ve en su corazón; así fue como Dios inició su obra en nosotros, cuando Él nos vió antes de formarnos en el vientre de nuestra madre.[12]

La restauración de la obra de arte que Dios vió en nosotros da comienzo cuando recibimos a su hijo Jesuscristo como Señor, y nacemos del Espíritu recibiendo el regalo de la vida eterna.[13]

La revelación de Su Palabra nos va transformando en nuestra mente y nuestro corazón, iniciando el proceso hacia la perfección, esta palabra no va de acuerdo con el concepto humano de perfección; más bien significa un proceso hacia la madurez hasta llegar a la estatura del varón perfecto, a la medida de la plenitud de Cristo[14] (La palabra hijo en griego υιός / huios, significa hijo en la madurez, descendencia, dignidad y posición como hijo).

De este modo, cuando ponemos Su Palabra por obra, no solo nuestro corazón es transformado, sino que también impacta otras vidas a nuestro alrededor, viviendo el propósito de Dios, manifestando Su amor a este mundo, trayendo Su reino a la Tierra, y siendo así la respuesta de Dios para quienes no lo conocen.

No se trata únicamente de entender, recibir y aceptar Su palabra, sino también de tomar el reto de vivirla en la situaciones que enfrentamos cada día, y estos momentos adversos son una oprtunidad para invitar al Espíritu Santo, quien siempre esta dispuesto, para ayudarnos. **Por que es imposible vivir la vida de Dios en nuestras propias fuerzas. Lo necesitamos a Él.**[15]

La perfección humana es lo más imperfecto que hay en relación al corazón de Dios, **ÉL ES EL ÚNICO QUE ES PERFECTO**. Sólo Él puede perfeccionar la obra en nosotros.

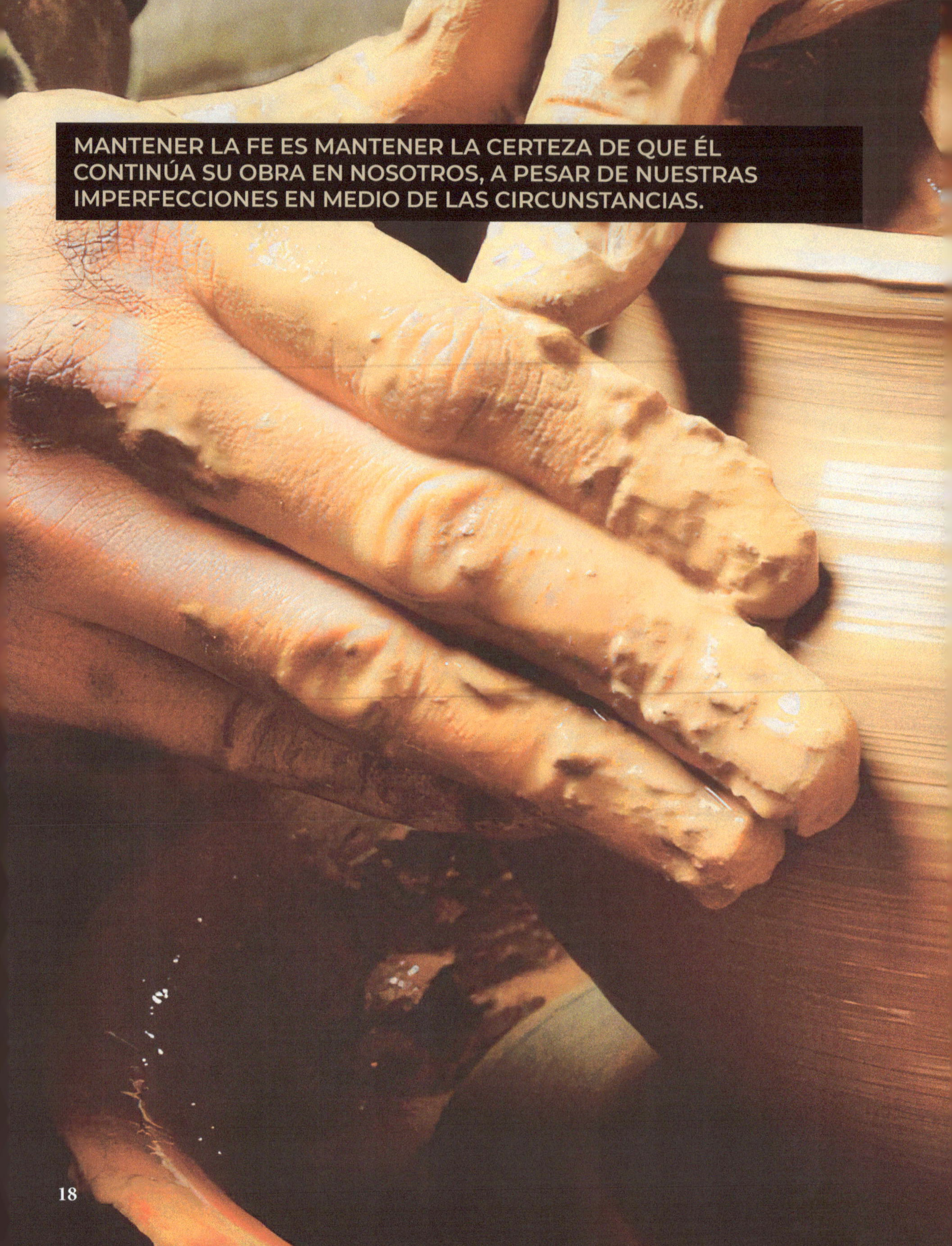
MANTENER LA FE ES MANTENER LA CERTEZA DE QUE ÉL
CONTINÚA SU OBRA EN NOSOTROS, A PESAR DE NUESTRAS
IMPERFECCIONES EN MEDIO DE LAS CIRCUNSTANCIAS.

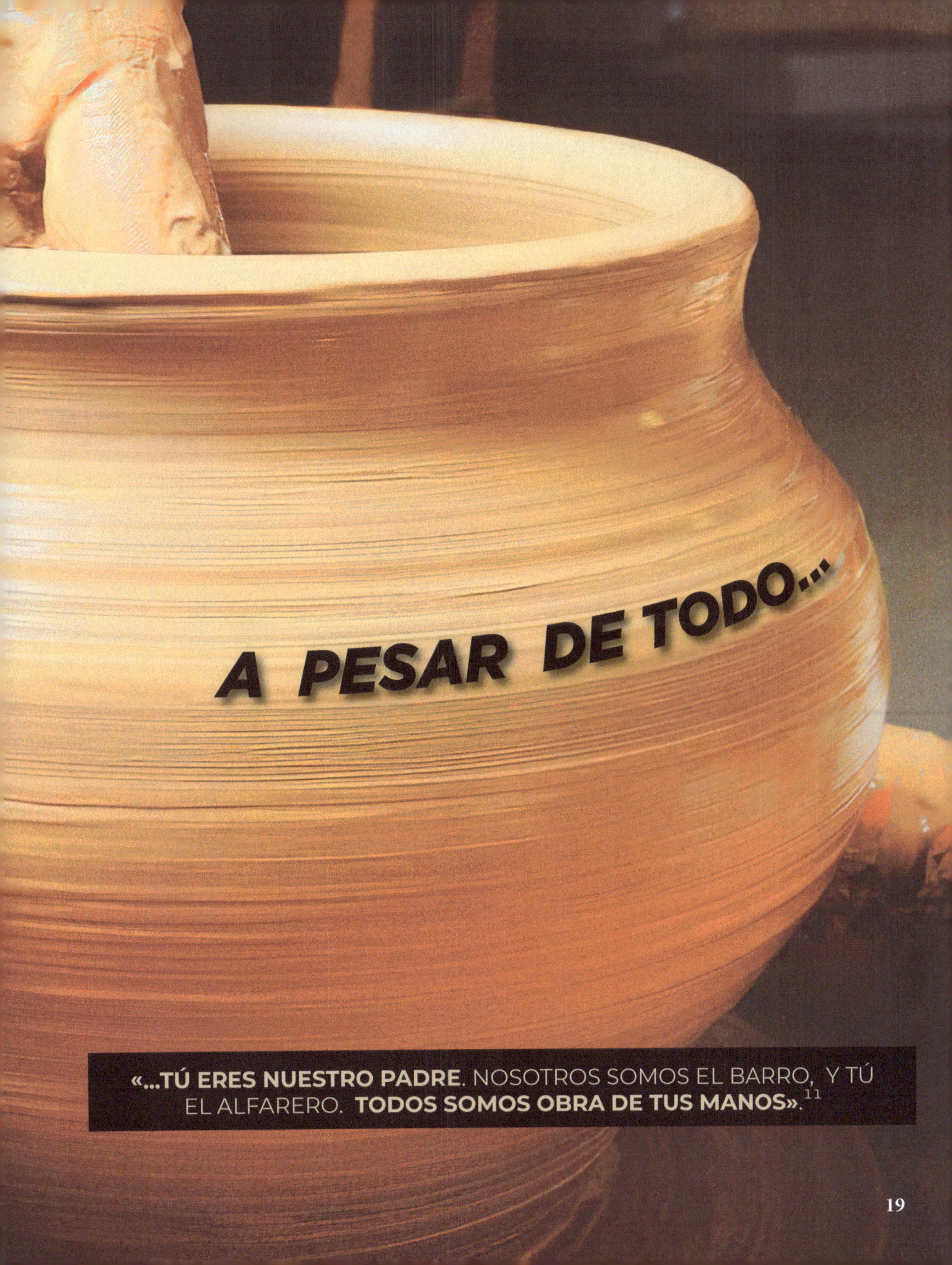

A PESAR DE TODO...

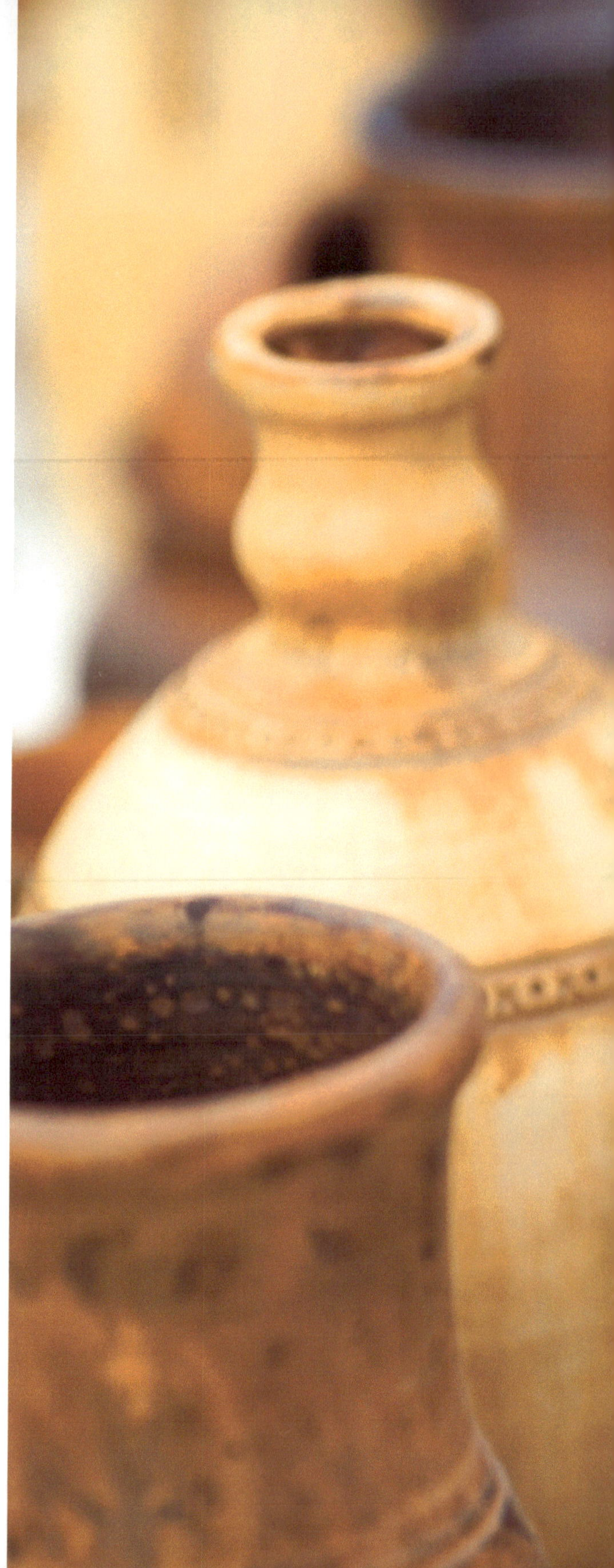

PROPÓSITO DE UNA VASIJA

SER LLENADA Y VERTER SU CONTENIDO

Una vasija puede ser frágil y tal vez no muy atractiva; sin embargo, lo más importante no es su exterior, sino lo que tiene en su interior para ser compartido con otros.

Si no se llena, solo es un adorno, y si no vierte su contenido, este se desperdicia ó se puede echar a perder.

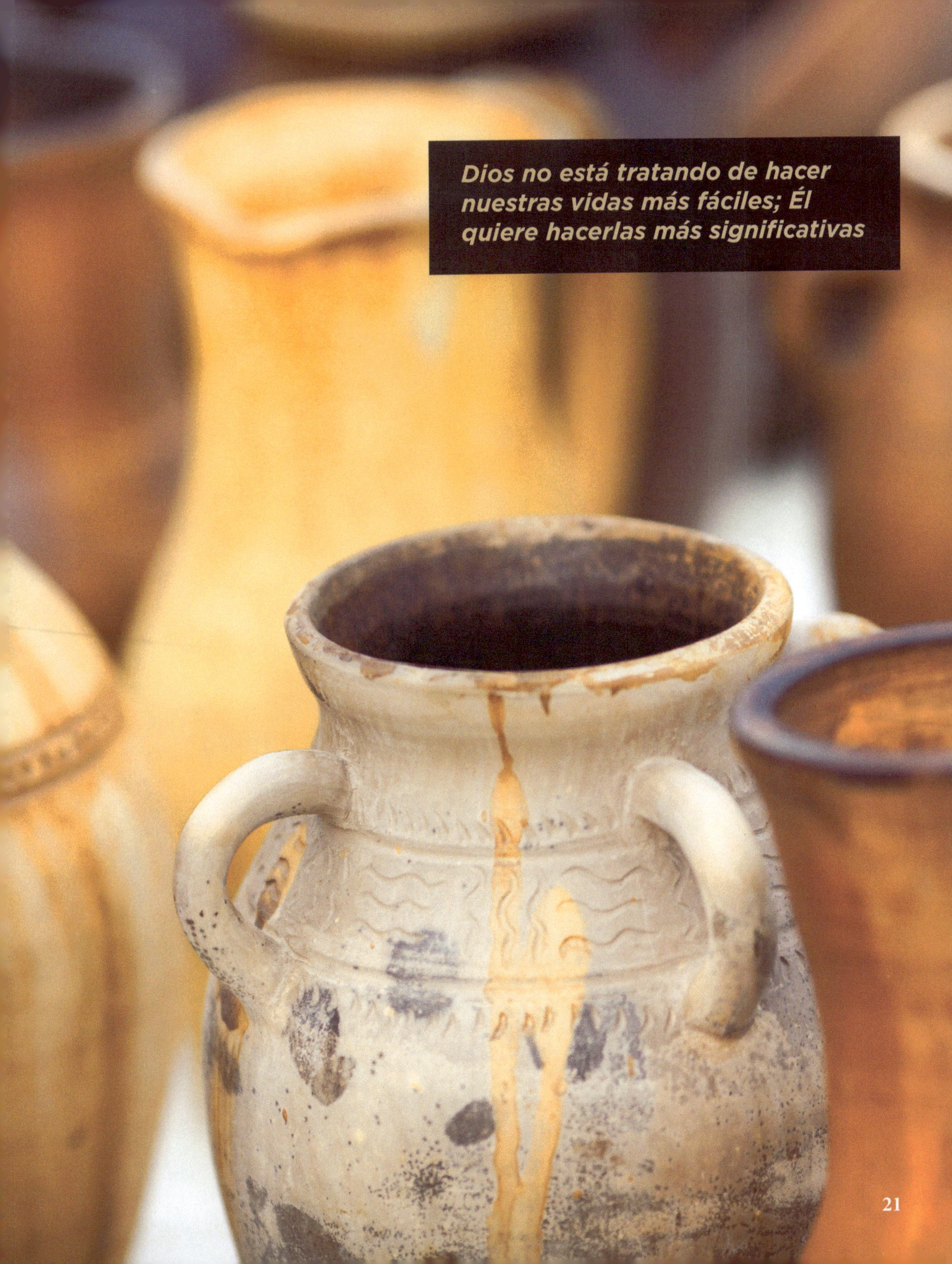
Dios no está tratando de hacer nuestras vidas más fáciles; Él quiere hacerlas más significativas

NINGUNA
DE LAS BUENAS PROMESAS DEL SEÑOR NUESTRO DIOS
HA DEJADO DE CUMPLIRSE

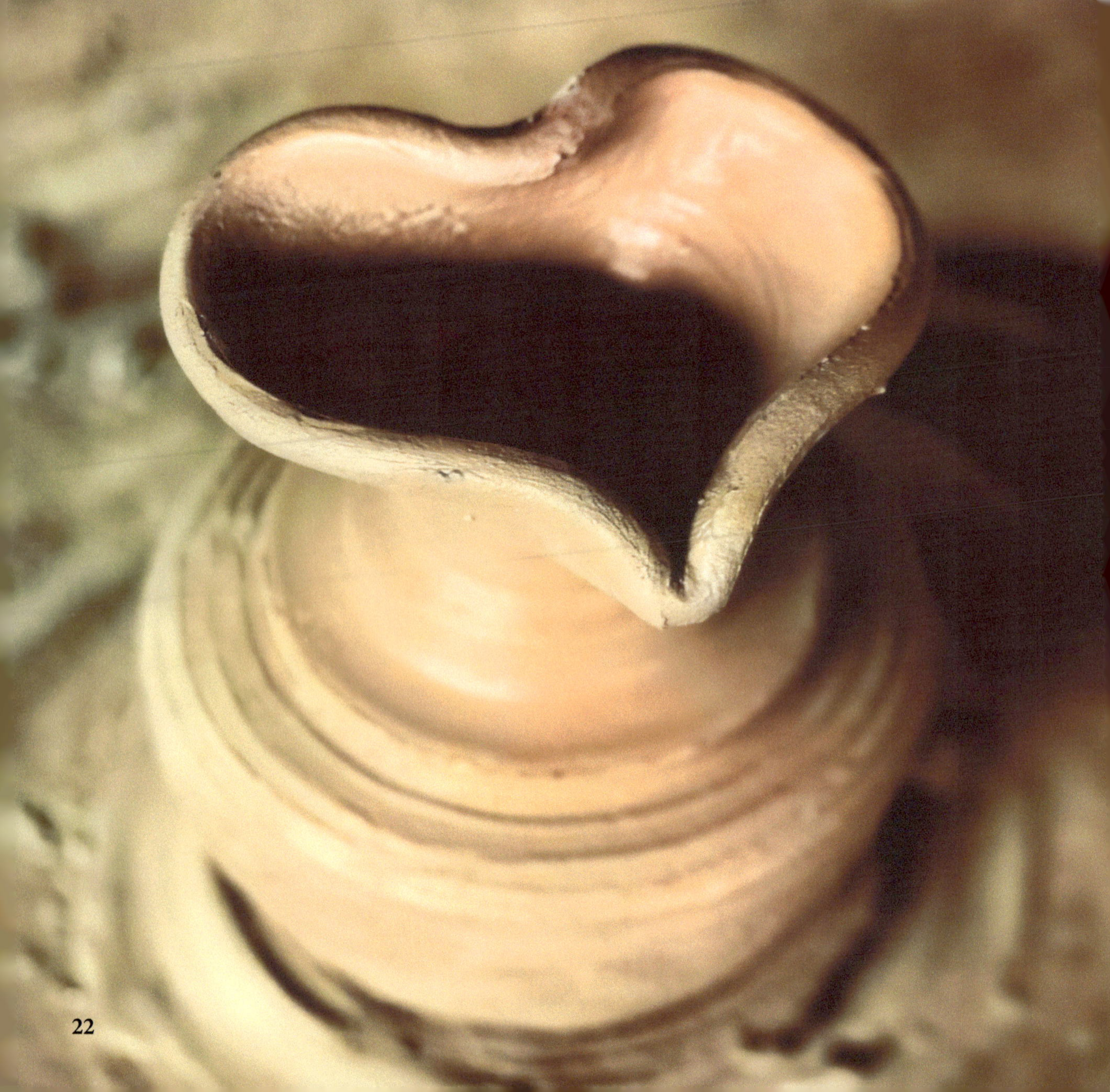

«El sana a los quebrantados de corazón, y venda sus heridas».[17]

«Aquello que fue, ya es; y lo que ha de ser, fue ya; y Dios restaura lo que pasó».[18]

«Envió Su Palabra y los sanó».[19]

«Pues no ha pasado por alto ni ha tenido en menos el sufrimento de los necesitados; no les dió la espalda, sino que ha escuchado sus gritos de auxilio».[20]

«Y les daré un corazón y un espíritu nuevo pondré dentro de ellos; y quitaré el corazón de piedra de en medio de su carne, y les daré un corazón de carne, para que anden en mis ordenanzas, y guarden mis decretos y los cumplan, y me sean por pueblo, y yo sea a ellos por Dios ».[21]

«Tiempo de SANAR».[22]

«Y la paz de Dios, que sobrepasa todo entendimiento, guardará nuestros corazones y vuestros pensamientos en Cristo Jesús».[23]

«Por mi parte, yo estoy a punto de ir por el camino que todo mortal transita. Ustedes bien saben que ninguna de las buenas promesas del Señor su Dios ha dejado de cumplirse al pie de la letra. Todas se han hecho realidad, pues Él no ha faltado a ningúna de ellas».[24]

Todos tenemos imperfecciones; Esa parte
imperfecta para nosotros y para los demás no
es muy bella; pero El Señor le da una pincelada
que la cubre de belleza.

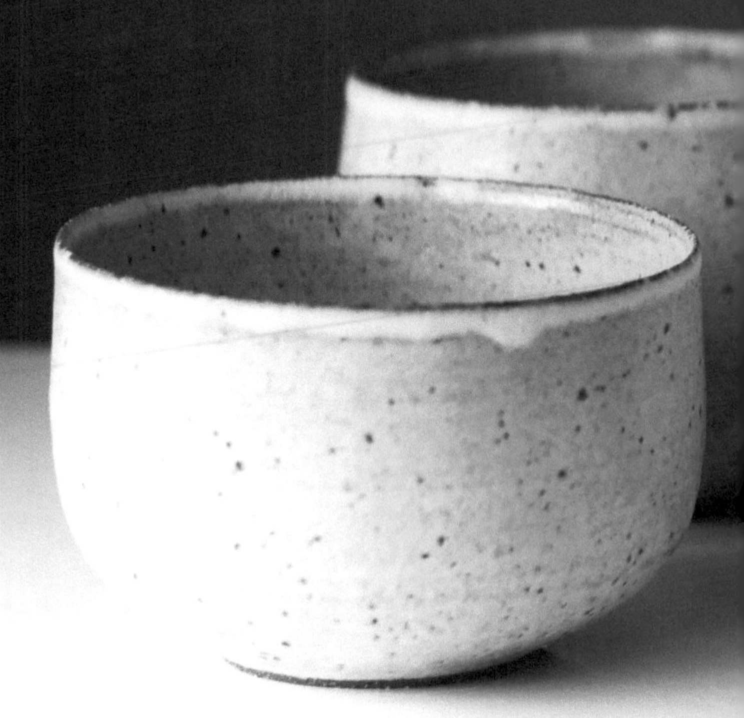

Se requiere de una fe sencilla para saber que Él
es quién nos perfecciona...

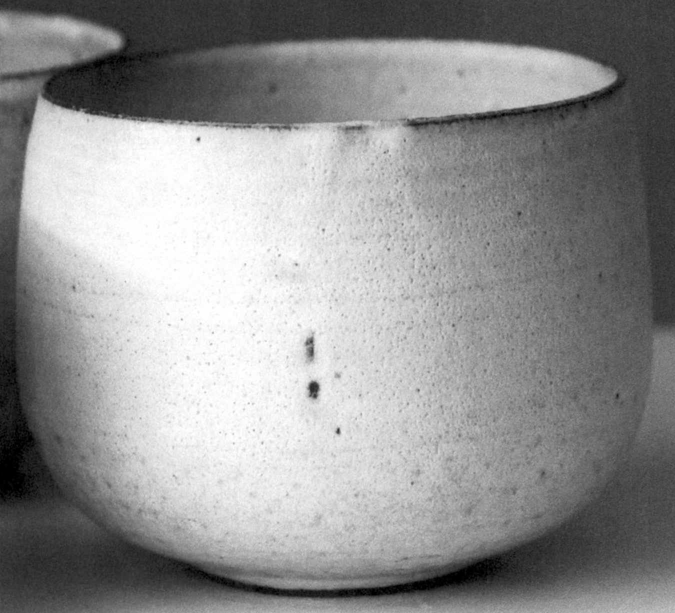

...aún en medio de nuestros errores y debilidades.

«Cada día de mi vida, debo recordarme a mí misma que Él me acepta como soy, Gratuitamente, con deleite y amor. Nada que merezca».[a]

PATRICIA CAMU

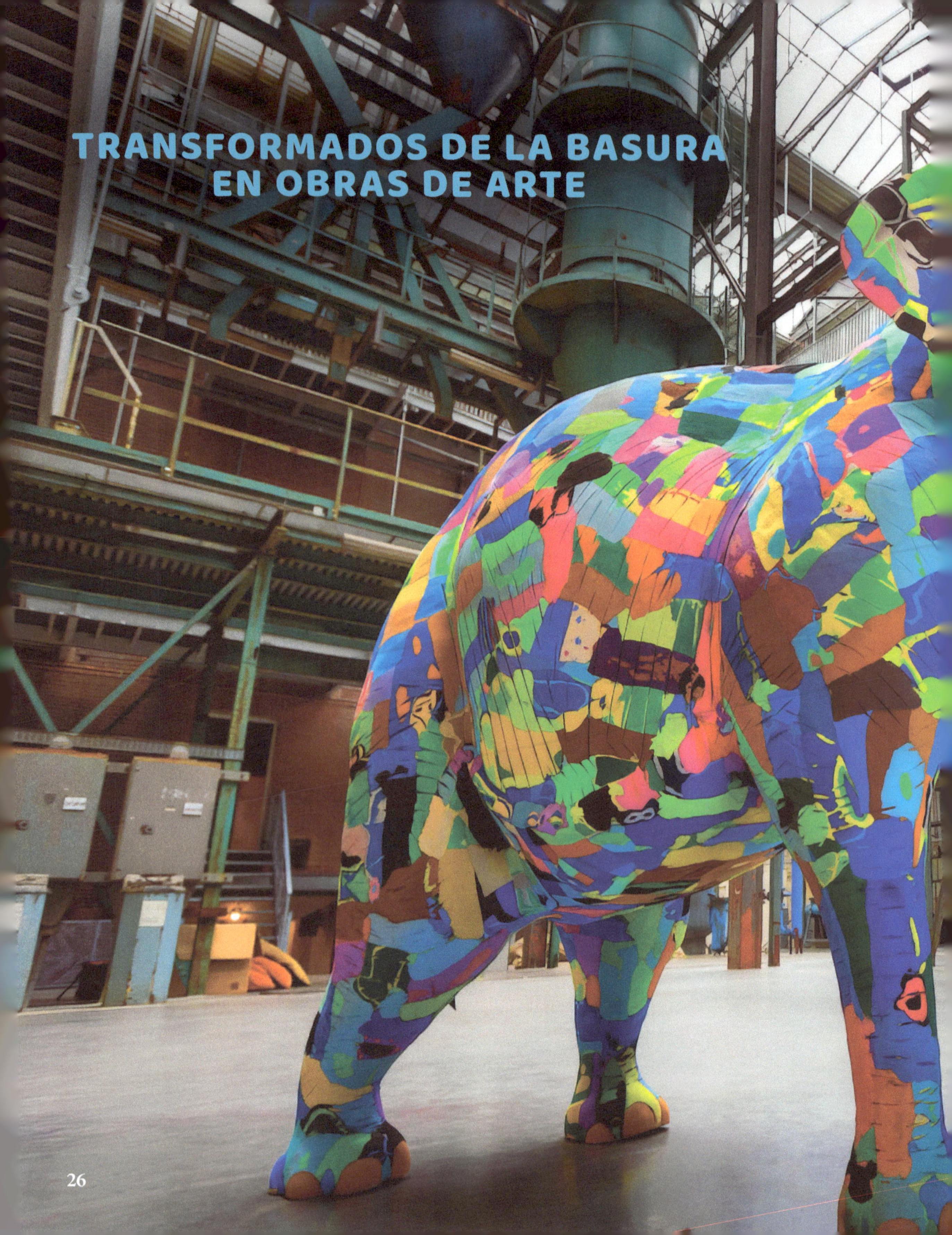

TRANSFORMADOS DE LA BASURA
EN OBRAS DE ARTE

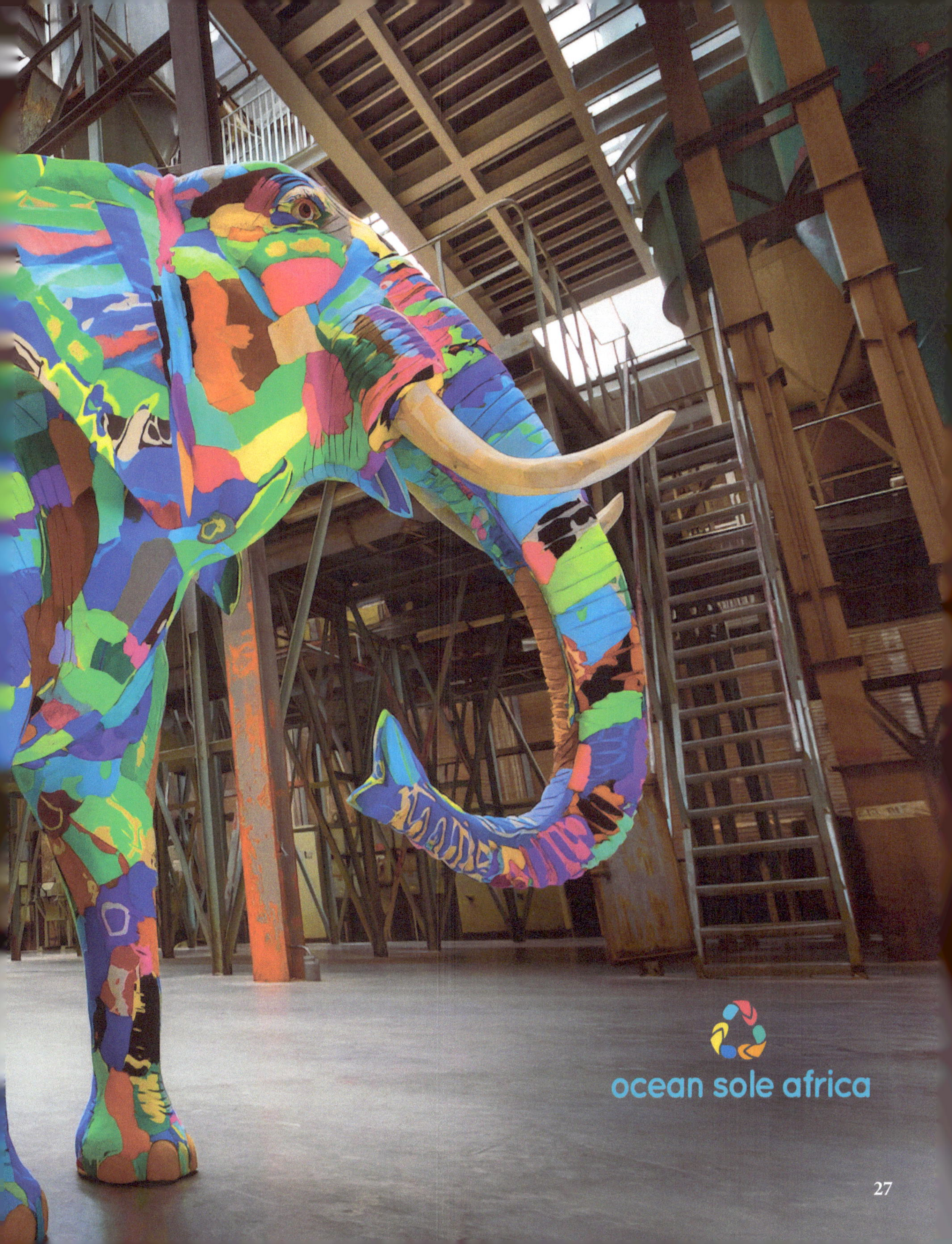
ocean sole africa

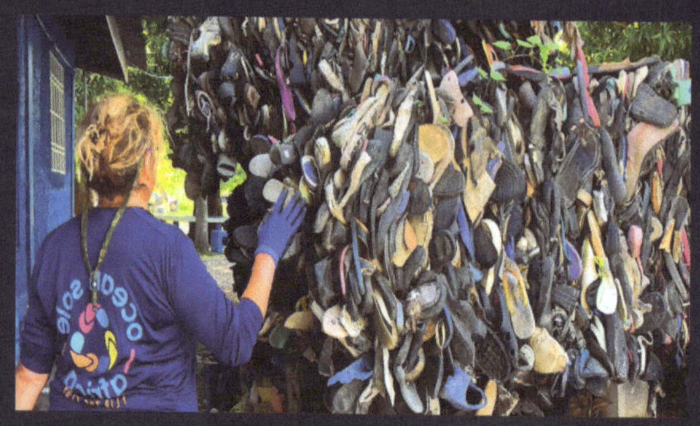 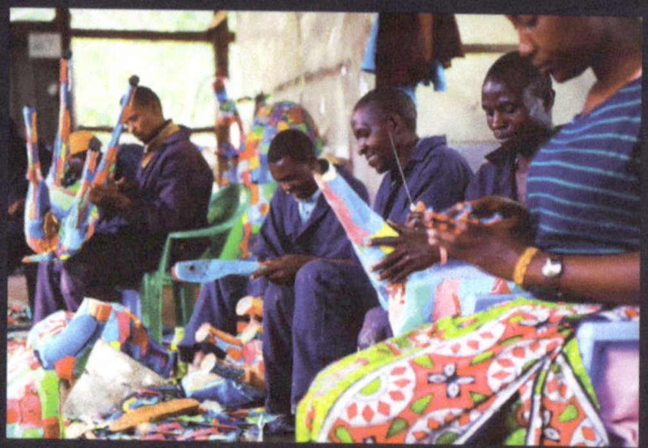

Ocean Sole es una organización social líder en Kenya, la cual transforma sandalias en arte y productos funcionales. Su misión es «convertir la contaminación de sandalias desechadas por mucha gente, en arte inspiracional para promover la conservación marina y crear oportunidades de trabajo para un país que tiene un desempleo del 40%, en comunidades subdesarrolladas».[b]

«Hace tan solo trece años, esta idea increiblemente improbable era solo eso: una idea que casi nadie pensó que podría convertirse en una realidad [...] pero bueno, lo fue, y hoy más de 150 empleados de tiempo completo y varios proveedores de sandalias trabajan para darle a los residuos plásticos una segunda vida más valiosa. El año pasado, logramos reciclar 750,000 sandalias en 65,000 productos artísticos».[c]

Un grupo de artistas apasionados reciclan 85 sandalias desechadas convirtiéndolas en 7 piezas de arte, cada hora. «La Familia de Ocean Sole es el corazón de todo esto, ellos son la gente que hacen que el cambio sea posible y real.

Desde los talladores de madera, los carpinteros, los artistas, los limpia botas hasta los promotores, vendedores y emprendedores, todos trabajan juntos para crear un mejor mañana, con océanos más limpios y arte más colorido. Su proceso es manual no con maquinas. **Cada pieza de arte es hecha con cuidado y amor**, la historia de cada producto comienza cuando una sandalia en el pie de alguien es desechada y termina en el oceano[...] Esta se recoge, se limpia, se comprime y luego es tallada para convertirse en una bella obra de arte **siendo revivida de nuevo con amor**. A través de este proceso los oceanos son limpiados, se proveen trabajos, se crean obras maestras; y al final, **tu obtienes algo verdaderamente muy especial y único».**[b]

La vida de las personas puede ser cambiadas tal como las sandalias desechadas. Pueden ser limpiadas y transformadas para convertirse en una expresión del artista, siendo una pieza única de arte útil y con valor.

De la misma forma, Jesus vino a escoger a aquellos que somos débiles, que pensamos no ser inteligentes o con una baja autoestima. Él desea habitar en nosotros no solo para darnos Su fortaleza, sino también ser una fortaleza en nosotros: *«Cristo en vosotros la esperanza de Gloria».*[25]

Él vino por los enfermos, no por los sanos, por aquellos que nos sentimos de menor valor, por aquellos que nos sentimos incompletos, incapaces, temerosos o que nos sentimos un tanto inútiles; Él se dió a si mismo para que nosotros podamos ser o vivir lo que Él es y por medio de nosotros mostrar Su gloria, Su sabiduría, Su amor, Su honor, lo cual es el anhelo de Su corazón.

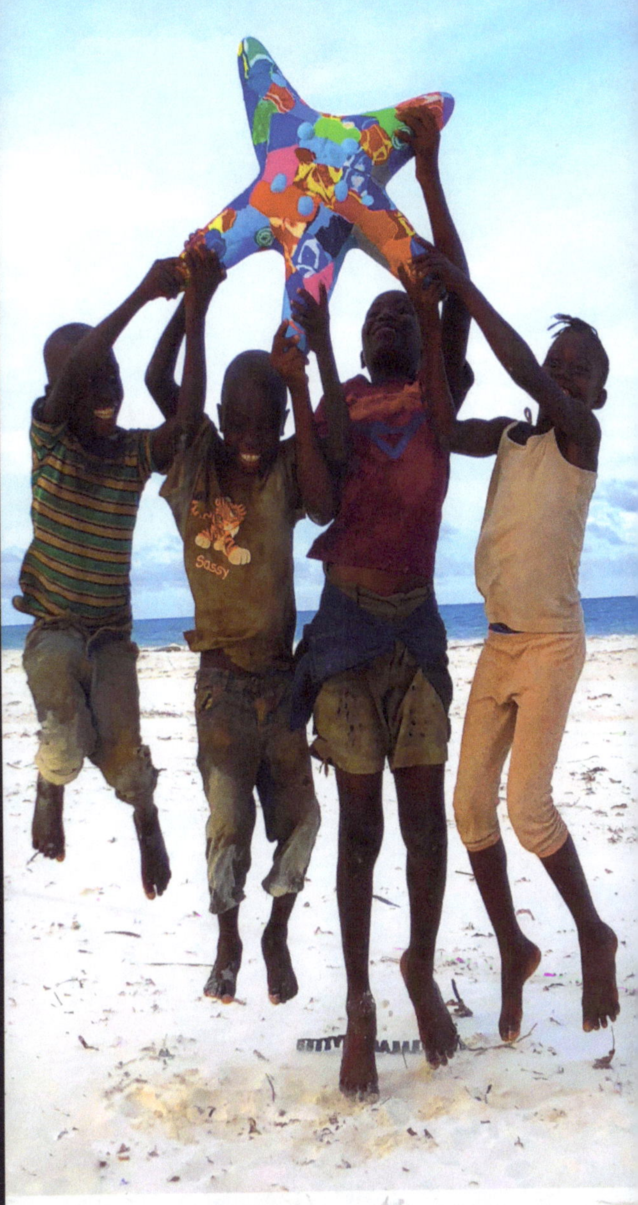

«Sino que lo necio del mundo escogió Dios, para avergonzar a los sabios; y lo débil del mundo escogió Dios, para avergonzar a lo fuerte; y lo vil del mundo y lo menospreciado escogió Dios, y lo que no es, para deshacer lo que es.»[26]

TU ERES UNA PIEZA DE ARTE ÚNICA

Cuando vemos una pieza de arte,
no solo expresa lo que vemos, sino
también la historia que hay detrás
de ella.

En nuestro ADN, todos tenemos impreso parte de nuestra historia, y de nuestros antepasados, y que habla de lo que ahora somos.

«El ADN es una molécula compleja que consta de muchos componentes, una parte de los cuales pasan de los organismos padres a sus descendientes durante el proceso de reproducción».[e]

Pero nuestro ADN puede ser afectado en nuestra genoma, de acuerdo con los pensamientos que tenemos, palabras que recibimos, e incluso la música que escuchamos. Se ha descubierto en recientes estudios que, desde niños, el ambiente que nos rodea como la familia, la sociedad, nuestras experiencias, etc., afectan nuestro ADN.[f]

«La ciencia moderna del genoma ha aumentado nuestra apreciación de que tan únicos son los planos genéticos que construyen seres humanos maravillosamente individuales».[g]

Ahora estamos en un mundo que nos ha influenciado para bien o para mal. El mundo le ha dado una forma a nuestro modo de pensar, de creer, de sentir y aún a nuestro estilo y calidad de vida.

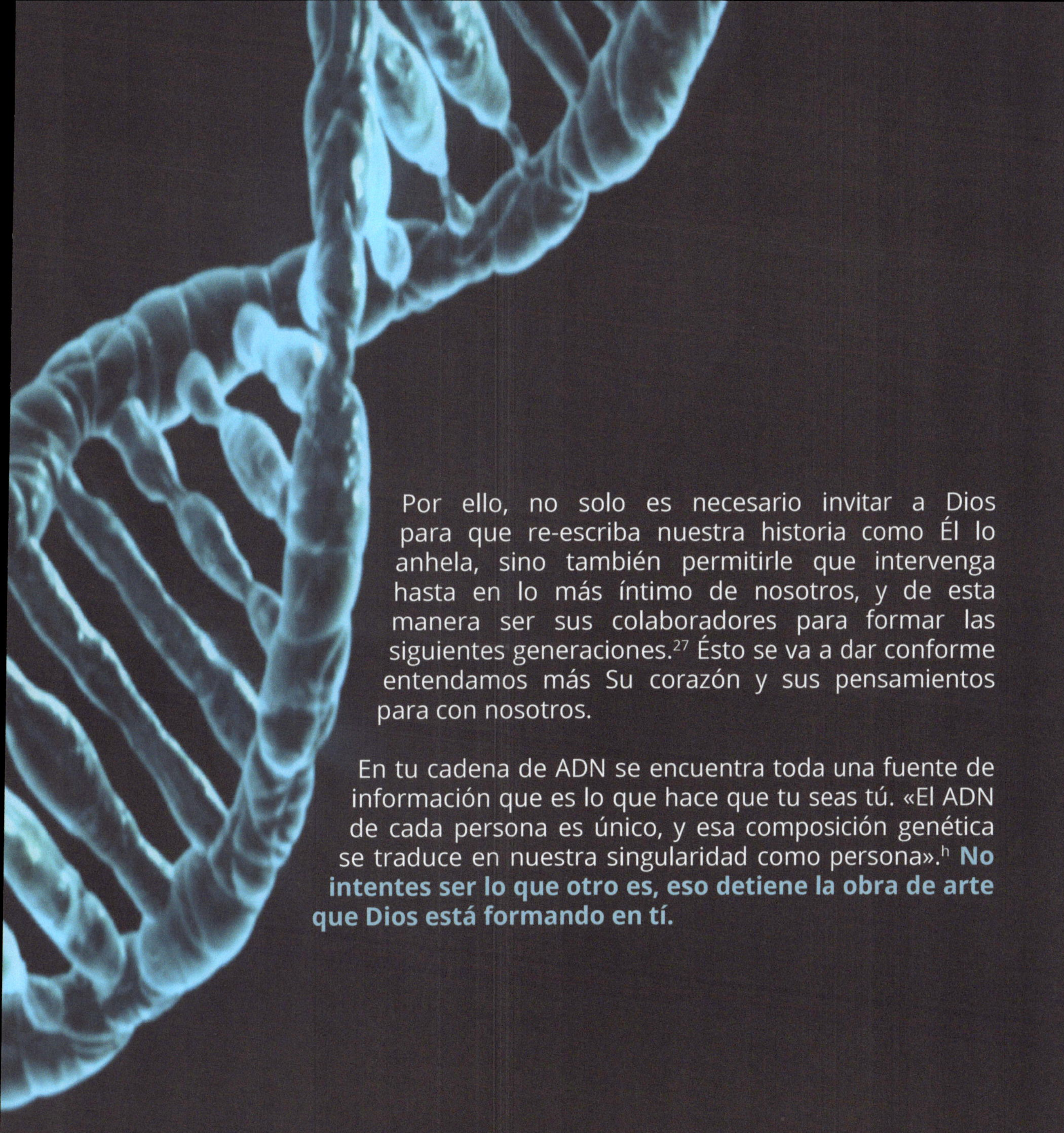

Por ello, no solo es necesario invitar a Dios para que re-escriba nuestra historia como Él lo anhela, sino también permitirle que intervenga hasta en lo más íntimo de nosotros, y de esta manera ser sus colaboradores para formar las siguientes generaciones.[27] Ésto se va a dar conforme entendamos más Su corazón y sus pensamientos para con nosotros.

En tu cadena de ADN se encuentra toda una fuente de información que es lo que hace que tu seas tú. «El ADN de cada persona es único, y esa composición genética se traduce en nuestra singularidad como persona».[h] **No intentes ser lo que otro es, eso detiene la obra de arte que Dios está formando en tí.**

NADIE TIENE TUS HUELLAS

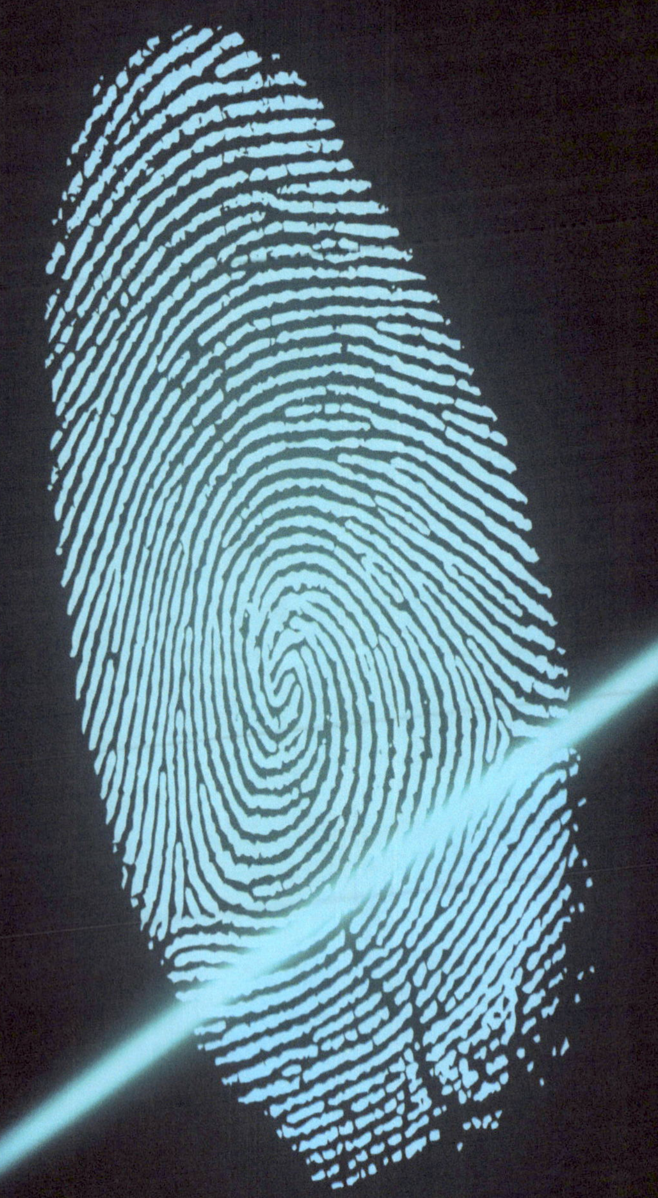

De la misma forma, somos únicos en nuestras huellas digitales, esto demuestra también que no hay una persona igual a otra. Todos somos diferentes y hemos sido formados por Dios con personalidades y propósitos individuales.

«Cada cadena de ADN contiene una secuencia o código único de información genética. Pero mientras que la mayor parte del ADN muestra solo una ligera variación de una persona a otra, ciertas áreas[...] muestran una variación en el número de unidades repetidas únicas para cada persona».[i]

Varios investigadores han encontrado una gran similitud entre las secuencias en el ADN y las secuencias musicales:

Los genes individuales en el genoma se han duplicado y triplicado a menudo hasta el punto de la redundancia, y cada secuencia de codificación consta de numerosas copias de la primordial original, varias truncadas y varias sustituidas por bases.

Este principio parece gobernar incluso las manifestaciones del intelecto humano. Las composiciones musicales también se basan en este principio de repetición. Por lo tanto, las secuencias de bases de codificación pueden transformarse en partituras musicales usando una regla establecida.[j] De la misma forma, en la música encontramos progresiones armónicas que se repiten convirtiéndose en una secuencia, pero también, esa progresión armónica puede romperse para dar lugar a una nueva progresión armónica (nuevos acordes). Si el ADN de cada uno de nosotros se le diera una equivalencia a notas musicales cada uno de nosotros tendria una melodía personal y única.

Basados en esta idea, la música del ADN se ha desarrollado desde principios de la década de 1970, cuando a los genetistas les resultó más fácil leer las largas cadenas de código de ADN asignando tonos musicales a los 22 aminoácidos.[k]

Aunque nuestra alma y nuestro corazón han sido afectados por la cultura, las instituciones educativas, los medios, la política, la sociedad y la religión, **ahora estamos en manos del alfarero.**

Muchas piezas de arte, escritas, visuales y musicales, permanecen en museos, en bodegas, en colecciones privadas, etc., nosotros somos una pieza viva a la cual el alfarero le está dando forma, para poder expresar el corazón del artista.

TU Y YO ESTAMOS SIENDO TRANFORMADOS PARA SER LA EXPRESION VISIBLE DEL **DIOS INVISIBLE**

REALMENTE...
¿CUÁL ES EL PRÓPOSITO POR EL CUAL DIOS TE DIO LA VIDA?

La respuesta a esta pregunta merece todo un tratado, pero, podemos sintetizarlo de esta manera; **Jesús vino a recobrar lo que se había perdido, «el propósito original».** Dios desea que los seres humanos sigamos siendo el reflejo de Dios en la tierra como lo eran Adan y Eva antes de la caida. Por eso, es muy importante entender que **no es lo mismo la expresión de la gente alrededor de nosotros en este mundo que nuestra expresión día con día hacia la gente.** Las expresiones de cada persona a nuestro alrededor entretejen un lenguaje en el que la sociedad y la cultura son formadas.

Al final del día, lo importante es la influencia que tenemos en los demás por medio de nuestra vida. Por ello, es necesario poner atención tanto al contenido como al estilo y la forma en la que nosotros nos expresamos, porque esto es lo que va a producir una influencia o transformación en nuestro medio.

Dios desea imprimir Su palabra en nuestro corazón para que la historia de nuestra vida hable de Él, y sea conocida y leída por todos los hombres.[28]

Reflejar a Dios por medio de nuestras vidas, en muchas ocasiones va a ser contrario y sobrenatural a los ojos de la sociedad, entendiendo por sobrenatural lo que la ciencia no puede comprobar y la lógica no puede comprender.

El propósito de Dios para nosotros como iglesia *(la palabra en griego* εκκλεσια */ ekklesia: una reunión convocada desde sus casas*

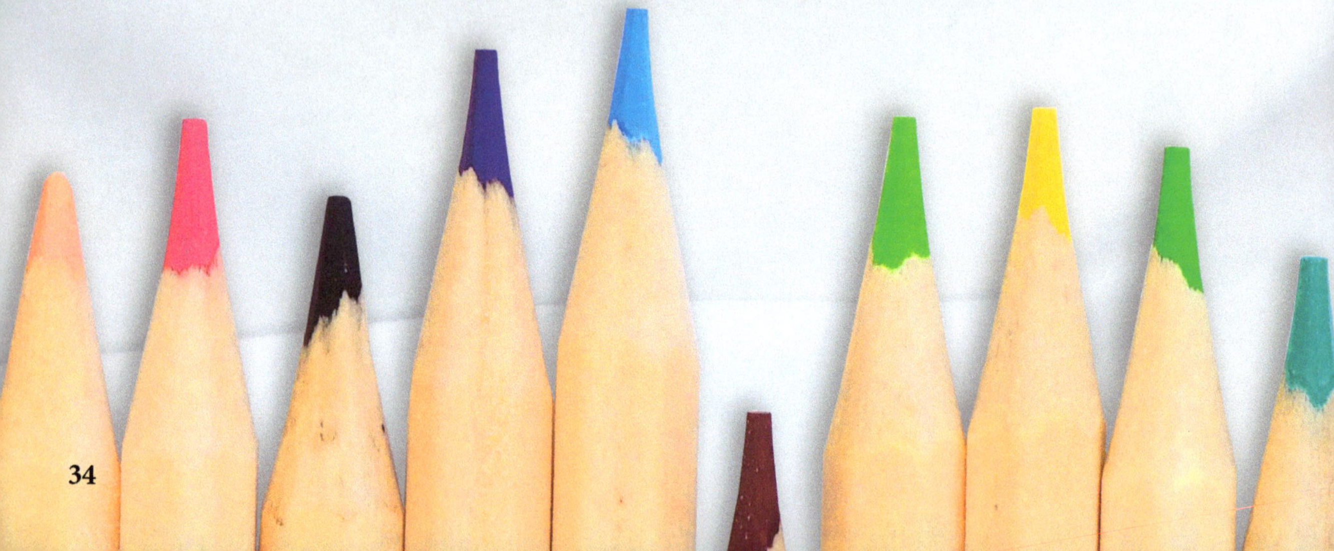

a algún lugar público, una asamblea), o Su cuerpo, es que reflejemos la naturaleza, el carácter y el poder de Dios, en un mundo lleno de necesidades, que lo representemos a Él como sus hijos. Y, como hijos de Dios, seamos la respuesta a las necesidades de una sociedad en conflicto.

Los diferentes dones que nuestro Padre nos ha dado son para que por medio de ellos, manifestemos algo de lo que Él es y de lo que Él hace.

La comunión íntima con nuestro Padre y el Espíritu, nos revela la Palabra. Sin embargo, esta Palabra no nos impide que nos expresamos con la personalidad que Dios nos ha dado en el ambiente en que vivimos. Todo lo contrario, «CRISTO EN MÍ LA ESPERANZA DE GLORIA».[25]

No necesitamos un púlpito para compartir de Dios, nuestra vida es el púlpito para compartir quien es Él.

Podemos transformar ó impactar una cultura por nuestra expresión. Por la belleza que surge en momentos de alegría o de sufrimiento.

Formas en las que Dios quiere expresarse a través de nosotros:

1 Un corazón que se expresa tal y como a sido **influenciado** por la Palabra de Dios.

2 La importancia de un corazón **conectado** con el corazón de Dios cuando ejecutamos una obra como expresión de lo que somos.

3 La importancia de un corazón **transformado** en el proceso de nuestra expresión.

INFLUENCIADO

Ser impactado por una persona o sistema de pensamiento de tal modo que altere su carácter y forma de comportamiento.

CONECTADO

Es una relación continua en la
que una persona está vinculada
o asociada con otra.

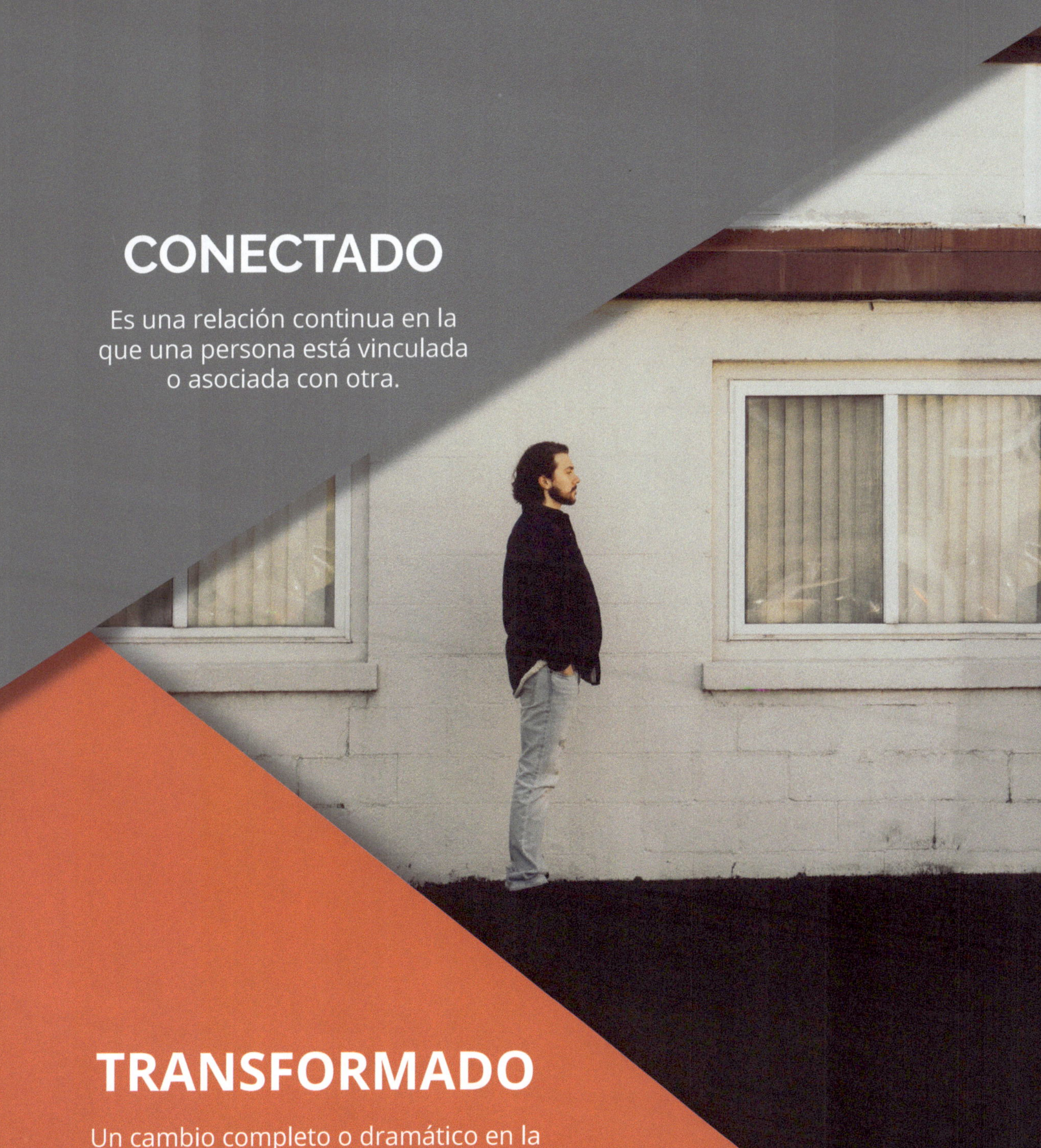

TRANSFORMADO

Un cambio completo o dramático en la
naturaleza interna de una persona.

EJEMPLO DE TRES ARTISTAS

INFLUENCIA

La expresión de nuestra vida tiene un tipo de lenguaje que comunica por medio de lo que hablamos y de las acciones que tomamos, no importan la profesión, o el áerea de actividad en la que nos desenvolvemos, como médicos, plomeros, abogados, estudiantes, etcétera.

Nuestra actividad diaria transforma un estilo de vida y produce una cultura.

Así mismo, el arte, no es solo belleza, también tiene un lenguaje que transmite una forma de pensamiento; la belleza, la tecnología y la excelencia abren el alma para recibir un mensaje.

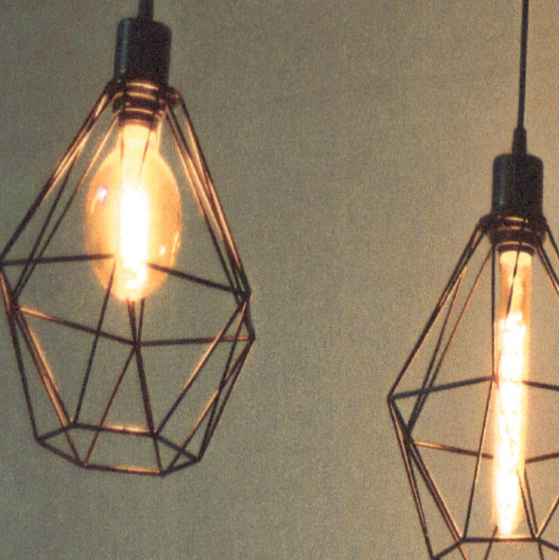

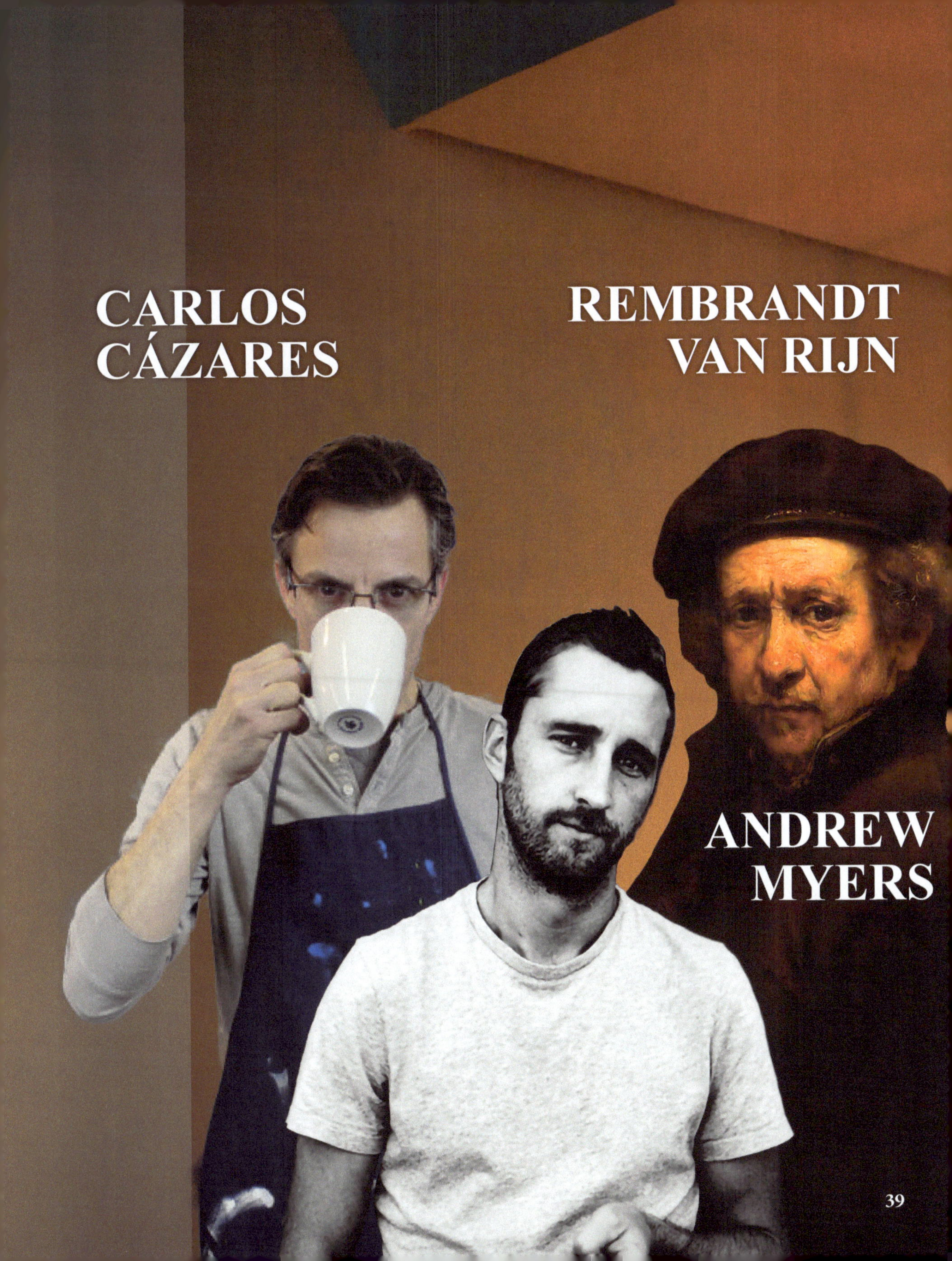

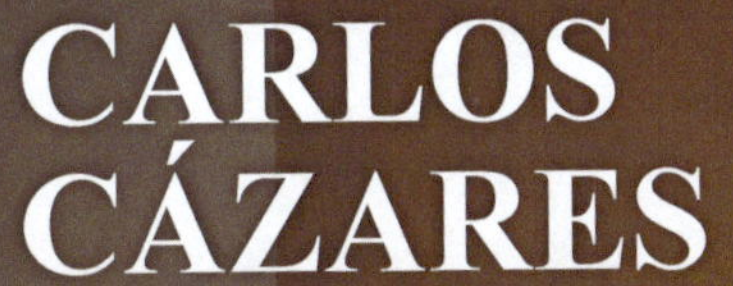

CARLOS CÁZARES

REMBRANDT VAN RIJN

ANDREW MYERS

ANDREW MYERS

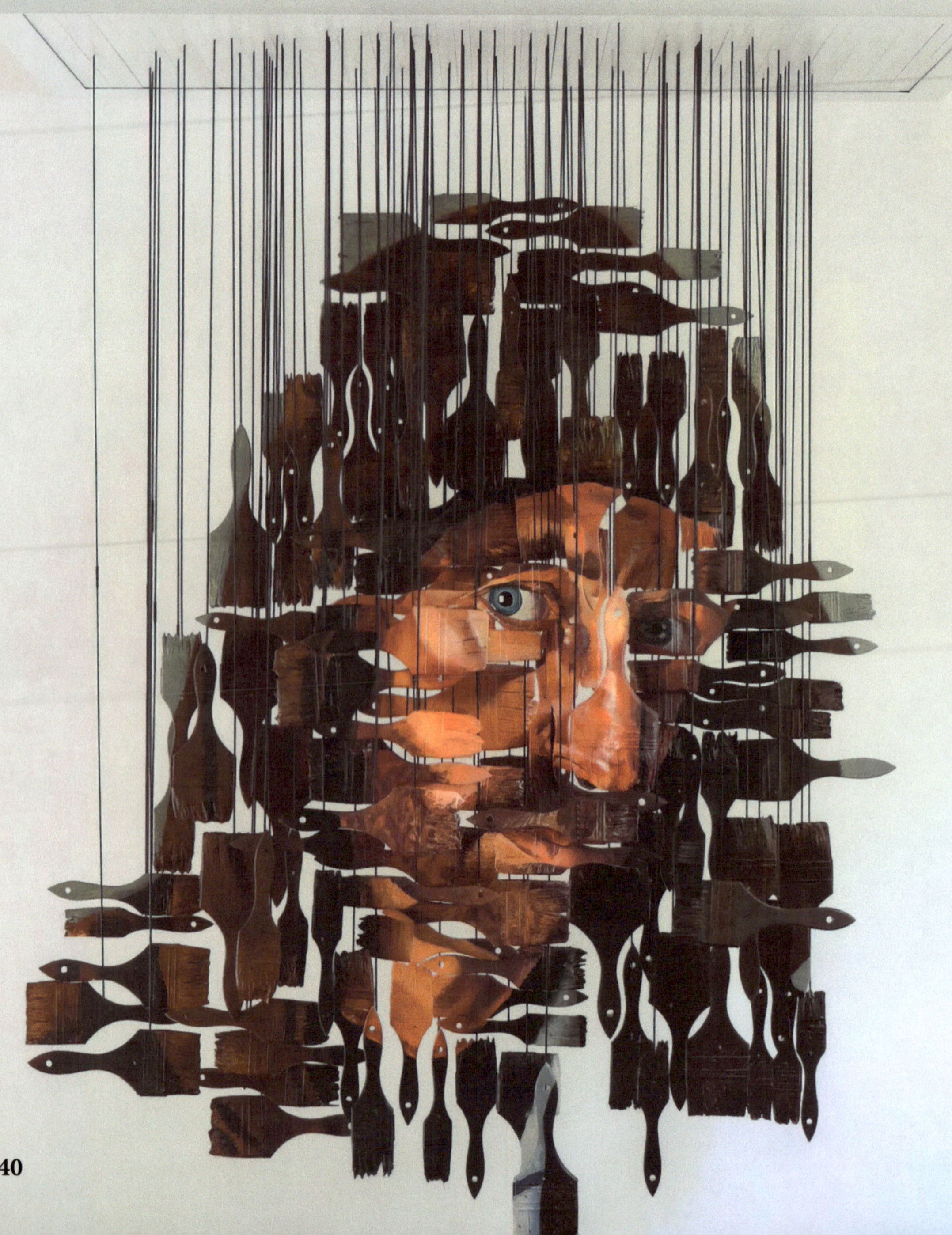

Andrew Myers nació en Alemania y fué criado en España, influenciado por la vida y cultura europea como artista. Fué educado por sus padres que eran misioneros, influenciándolo con la Palabra de Dios. Desde su juventud desarrolló sus habilidades creativas a través de la escultura figurativa avanzada y el currículo de pintura acelerada.

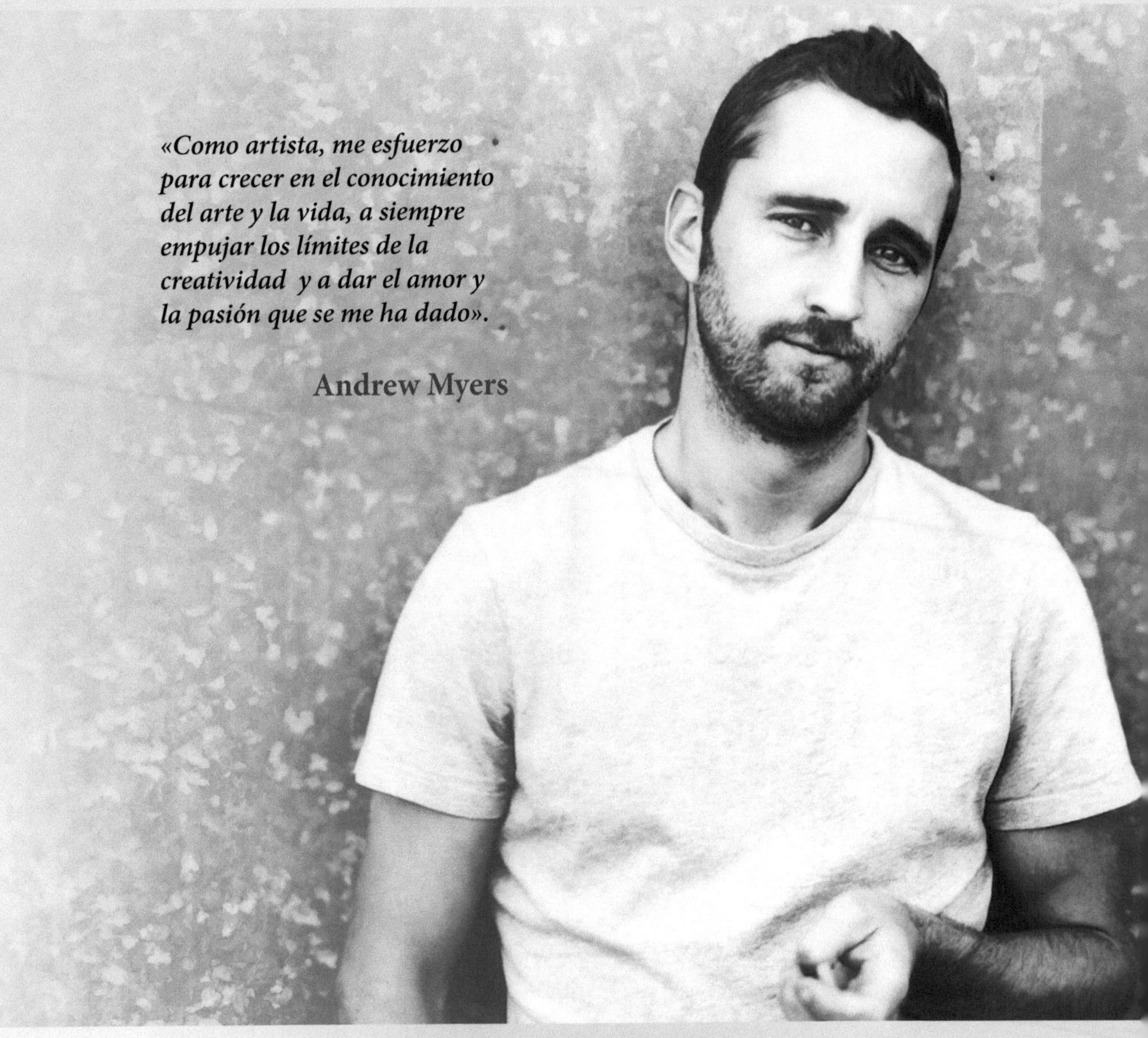

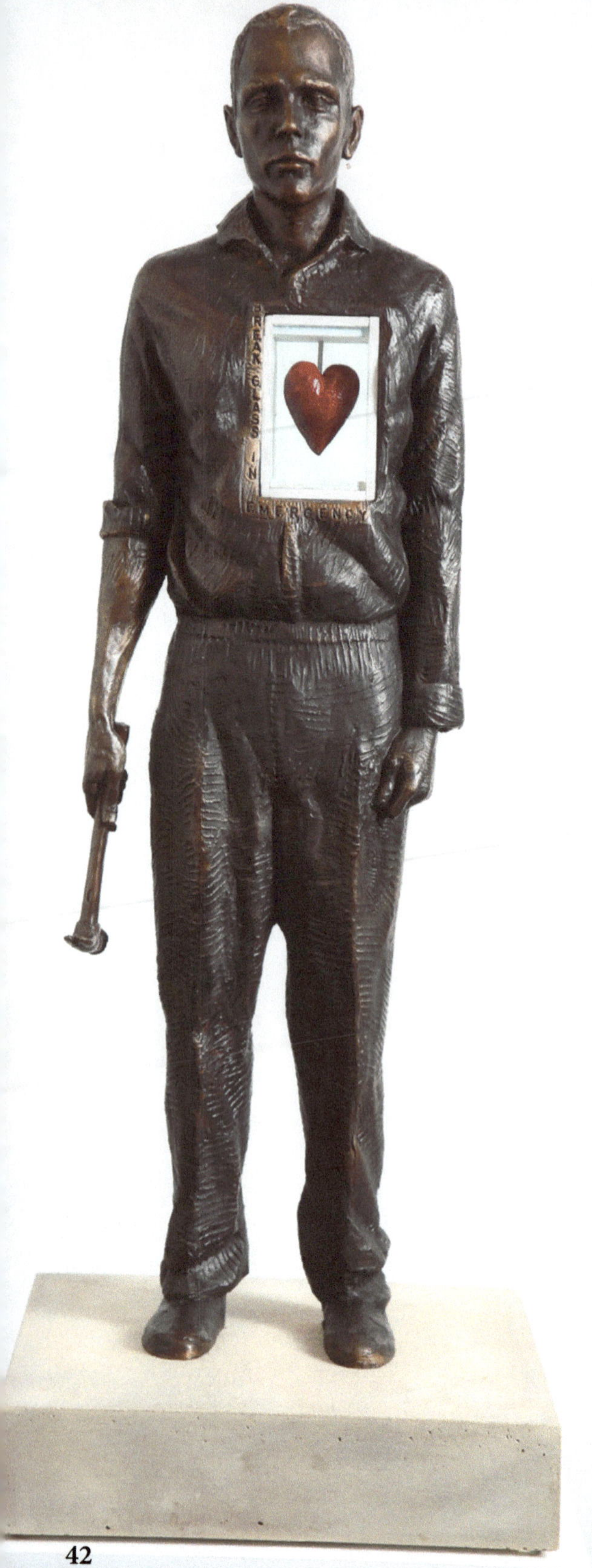

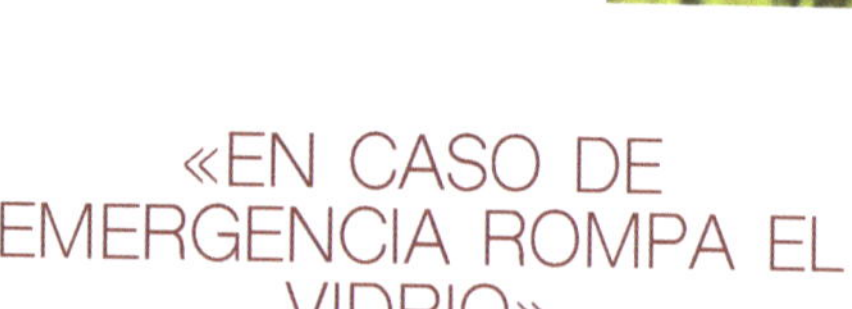

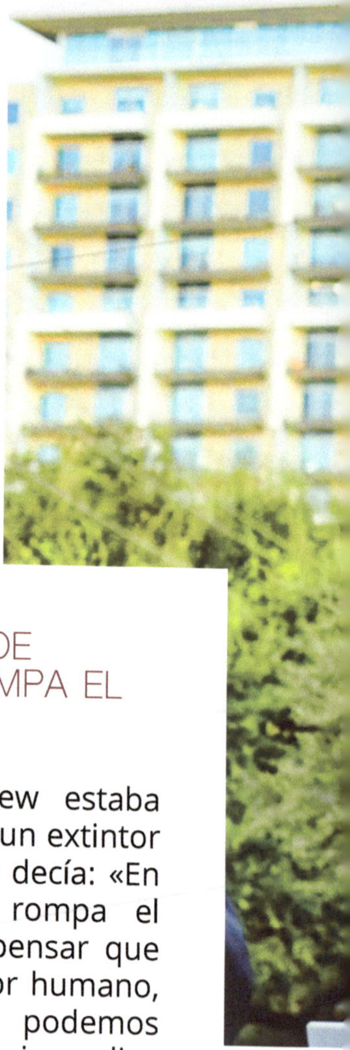

«EN CASO DE EMERGENCIA ROMPA EL VIDRIO»

Una noche, Andrew estaba viendo la caja de un extintor de incendios que decía: «En caso de emergencia rompa el vidrio». Se le ocurrió pensar que el corazón es el extintor humano, una herramienta que podemos utilizar para apagar los incendios emocionales que creamos.

En la pieza de bronce, madera y vidrio, se representa la figura con su manga enrollada, expresando la idea de que el martillo puede utilizarse en cualquier momento para liberar el corazón y apagar el fuego.[1]

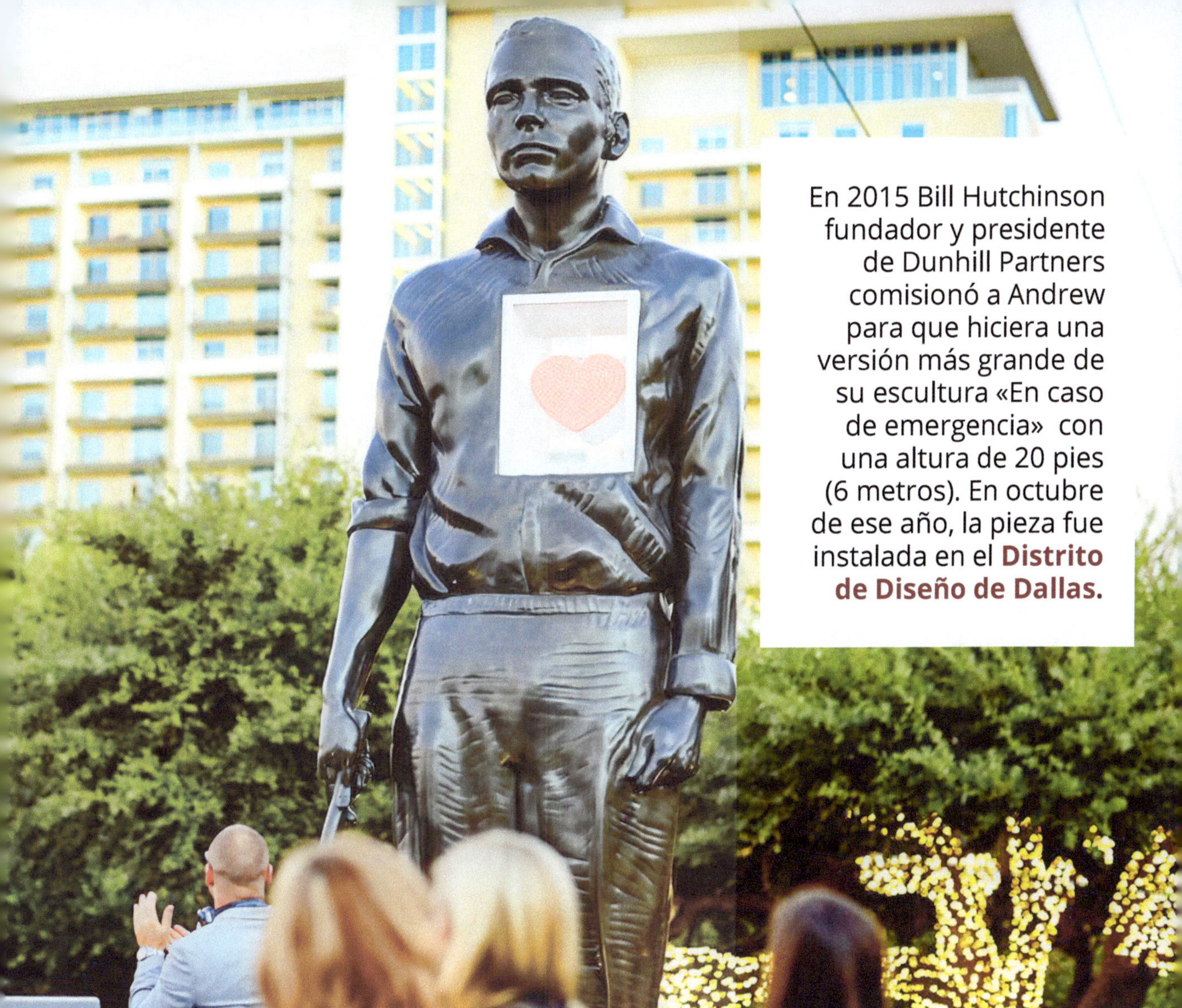

EN LA NOCHE EL CORAZÓN SE ILUMINA Y SE CONVIERTE EN EL PUNTO FOCAL DE LA ESCULTURA

«Vosotros sois la luz del mundo; una ciudad asentada sobre un monte no se puede esconder. Ni se enciende una luz y se pone debajo de un almud, sino sobre el candelero, y alumbra a todos los que están en casa. Así alumbre vuestra luz delante de los hombres, para que vean vuestras buenas obras, y glorifiquen a vuestro Padre que está en los cielos».[29]

ESCONDER LA LUZ ES DEJAR DE EXPRESAR LA VIDA DE CRISTO EN MEDIO DE UN MUNDO OBSCURO EN EL CUAL VIVIMOS.

REMBRANDT
VAN RIJN

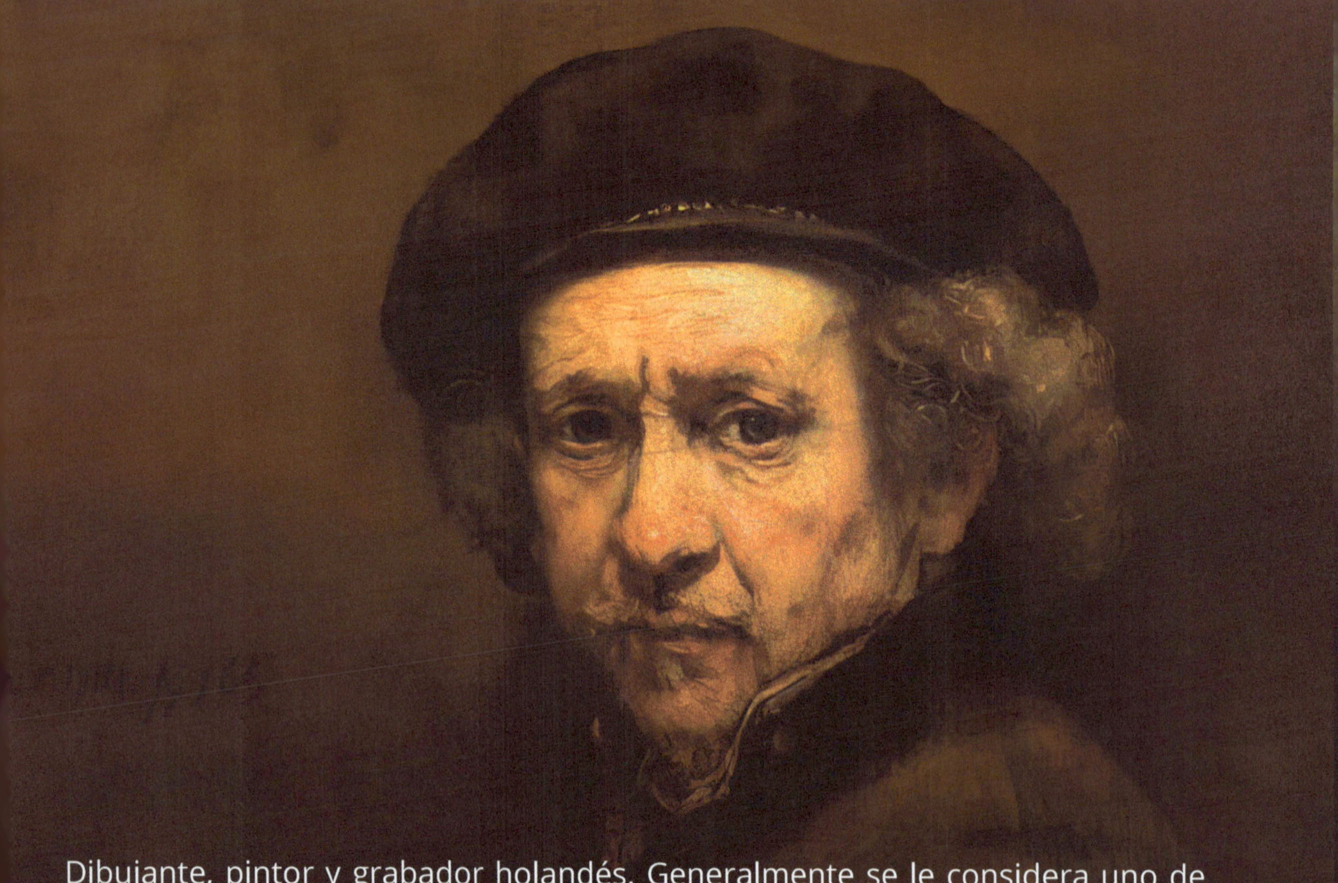

Dibujante, pintor y grabador holandés. Generalmente se le considera uno de los más grandes pintores y grabadores en el arte Europeo, y el más importante en la historia del arte holandés. Considerado padre del claroscuro.

Las obras de Rembrandt representan una amplia gama de estilos y temas desde retratos, autorretratos, paisajes, escenas alegóricas, temas bíblicos, mitológicos así como estudios sobre animales.

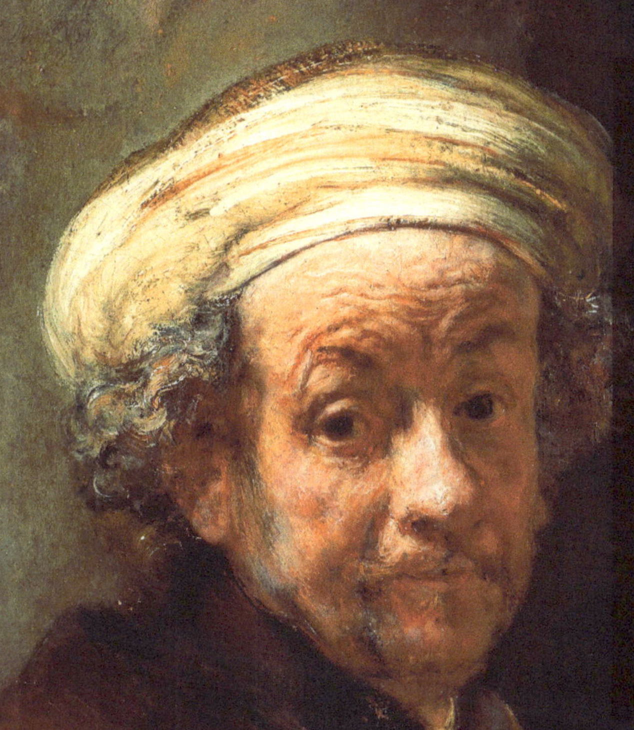

AUTORRETRATO DE REMBRANDT

Como el Apóstol Pablo[m]

Los autorretratos de Rembrandt eran frente un espejo, viendo su propia imagen como modelo. De la misma forma, podemos ver que sus obras reflejan la luz de las escrituras.[m]

«Ahora vemos por espejo, oscuramente; más entonces veremos cara a cara. Ahora conozco en parte; pero entonces conoceré como fui conocido».[30]

REVELACIÓN DE LA GRACIA

«Filósofo en meditación» de Rembrandt

LA LEY NOS OBLIGA
pero no nos transforma

Rembrandt tenía una fascinación por el Apóstol Pablo y principalmente el libro de Gálatas, tal vez porque:

Las escrituras de Pablo eran el recurso más importante para la teología de la Reforma. Pablo deja ver en sus cartas que solo en la luz de Cristo podemos entender el significado de la Escritura hebrea del Antiguo Testamento.

Pablo, personificó el ideal cristiano de GRACIA recibido independientemente del mérito.

Por la gracia nos ha hecho coherederos en Su reino por medio de Jesucristo. Si yo no tengo una revelación de la gracia, voy a vivir mi vida conforme la ley, y la ley no produce ningua tranformación.

En el autorretrato de Rembrandt (Ver página anterior) podemos reconocer a Pablo por su traje estilo hebreo, la Biblia que sostiene en su mano y la espada que sobresale de su abrigo representando la Palabra de Dios como un arma del Espíritu.

La dramática caída de luz desde arriba que pasa a través de su cabeza y sobre el texto hebreo, Rembrandt la describe como la luz de la gracia.

La pared de yeso que se observa detrás del hombro de Pablo, como capas de tierra y barniz amarillento es para indicar que Pablo está en prisión.

Necesitamos una revelación de la gracia y del amor de Dios en ese proceso de transformación.

Normalmente, entendemos la gracia solo para la salvación, pero esa misma gracia también nos ayuda a vivir cada día de nuestra vidas como hijos de Dios.

La ley me obliga, pero la Gracia de Dios me convence.

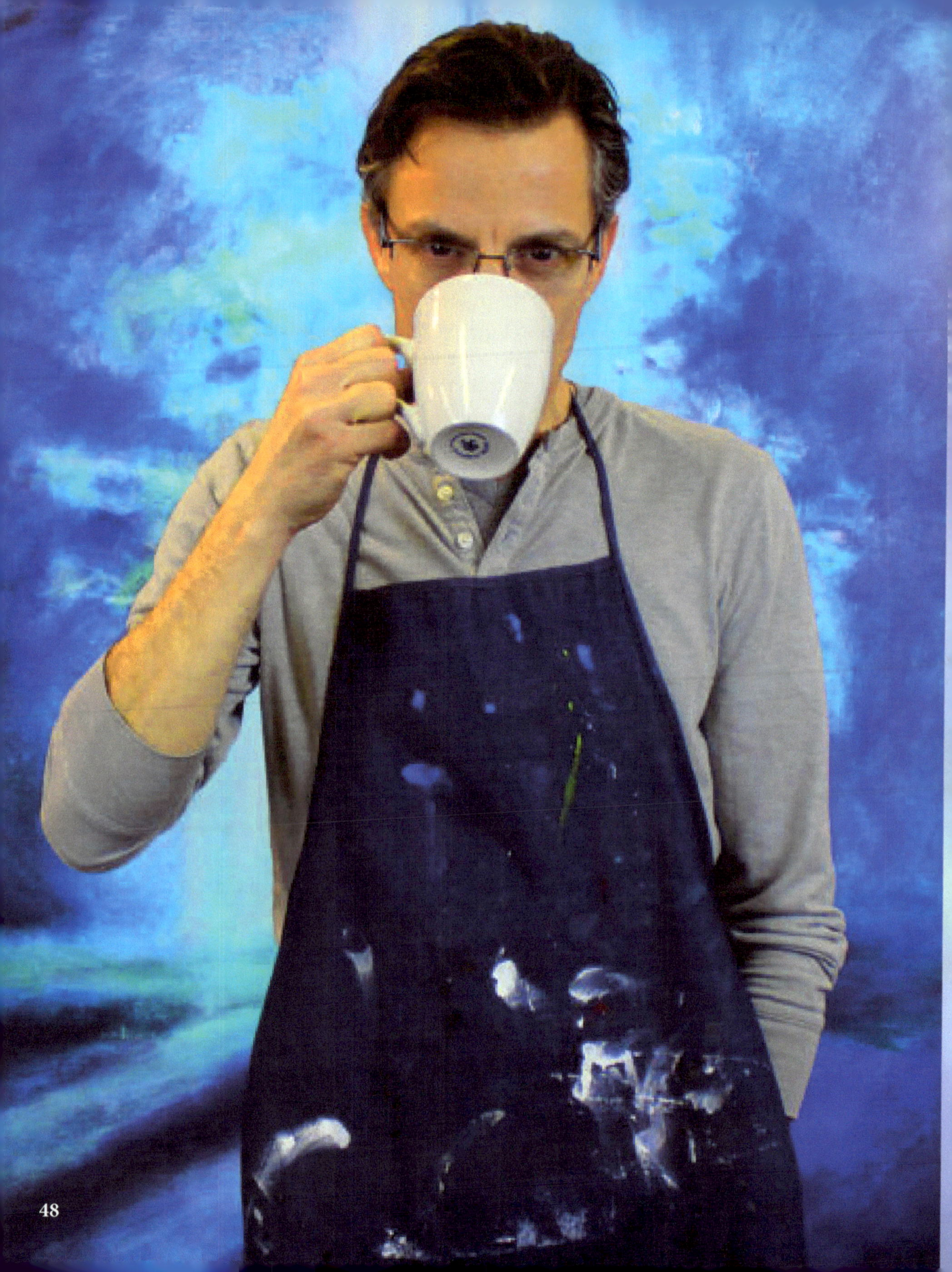

Carlos Cazares

UN ARTISTA **TRANSFORMADO** EN SU CORAZÓN DURANTE
EL PROCESO DE SU OBRA DE ARTE

Artista contemporaneo méxicano.
Sus pinturas y esculturas se exhiben
en diferentes museos de México y
Estados Unidos.

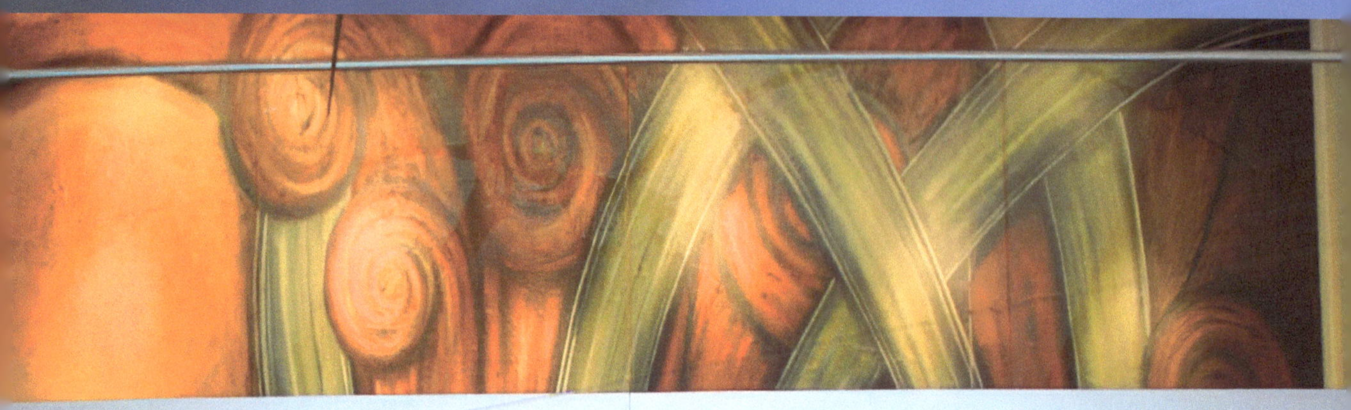

MURAL DEL MUSEO DE HISTORIA
DE LA TIERRA

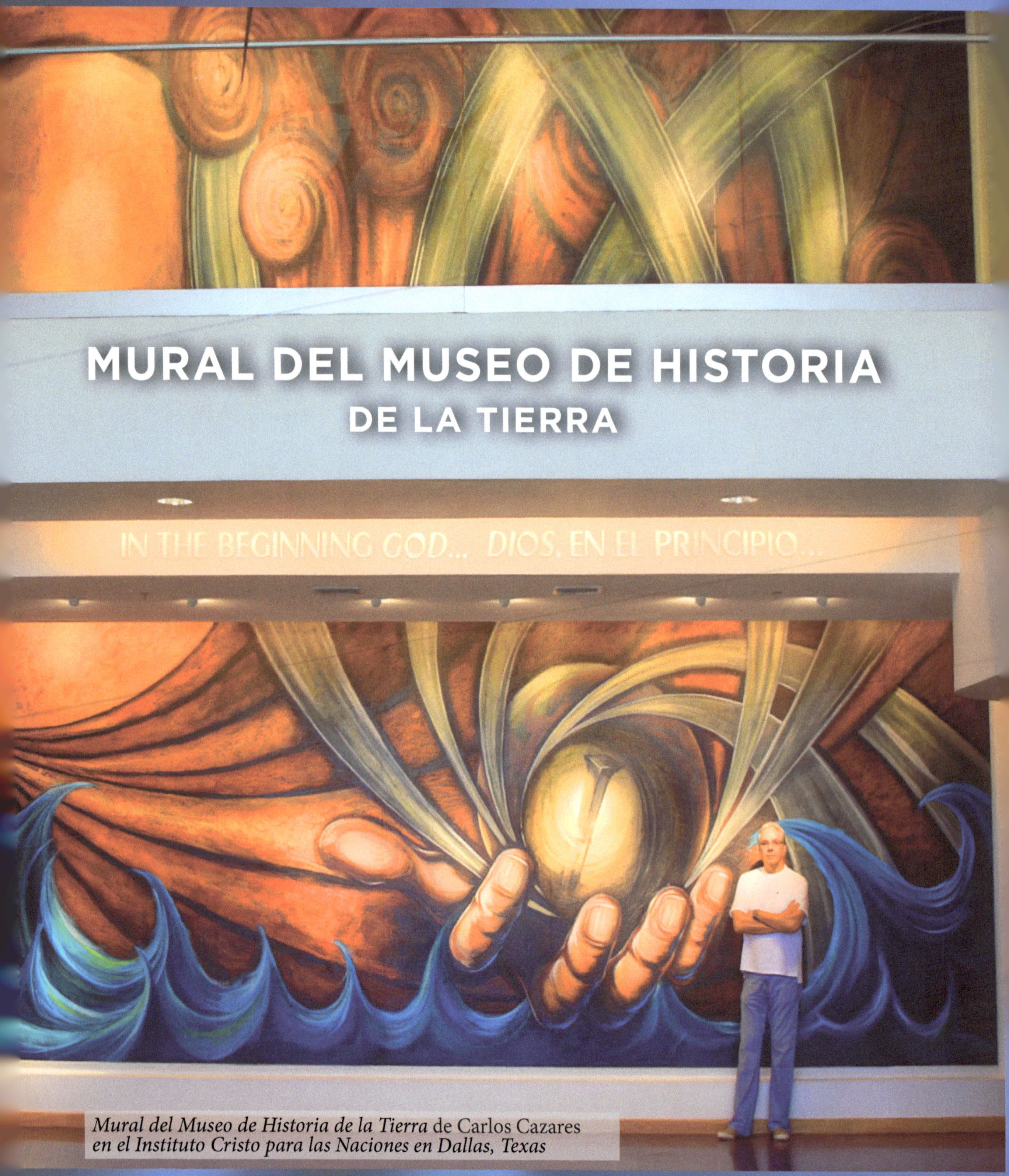

Mural del Museo de Historia de la Tierra de Carlos Cazares en el Instituto Cristo para las Naciones en Dallas, Texas

EXPERIENCIA Y TRANSFORMACIÓN

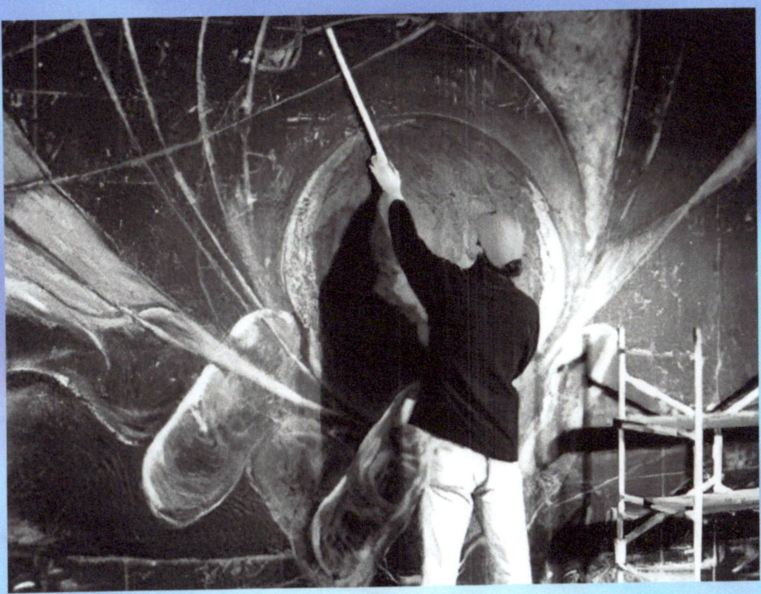

Cuando el Instituto Cristo para las Naciones le comisionó el trabajo del mural, Carlos comenzó con un concepto muy cósmico que se fué transformando hasta que pintó la mano de Dios creando la Tierra.

Un verso que comenzó una transformación en su corazón fue Apocalipsis 13:8b.[n]

«...el Cordero, quien fue inmolado desde la fundación del mundo».[31] Jesus ya había decidido morir en la cruz por nuestros pecados desde antes de formar al mundo. Con esa revelación Carlos decidió ponerle un clavo a la mano del Creador del Universo.

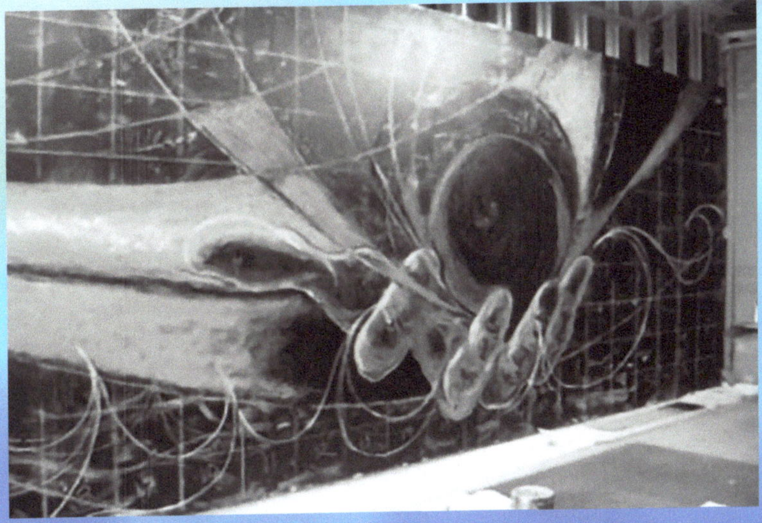

Cuando Carlos hacía el mural sobre la creación en el Museo de la Historia de la Tierra en el campus de Cristo para las Naciones, se despertó como a las tres de la mañana y se dirigió al edificio, buscó cuerdas, clavos, tornillos, tuercas y armó un látigo con ellos. Tomó una hoja de contrachapado (triplay), la recubrió de asfalto que era la técnica que estaba utilizando, y comenzó a golpearla con el látigo; después de varios golpes vino a el un versículo que tocó su corazón y cayó de rodillas reconociendo la gracia de Jesús al derramar Su sangre por nuestros pecados. De aquí salio una colección que se tituló 40-1 [Cuarenta Menos Uno].°

«Ciertamente llevó Él nuestras enfermedades, y sufrió nuestros dolores; y nosotros le tuvimos por azotado, por herido de Dios y abatido. Mas Él herido fue por nuestras rebeliones, molido por nuestros pecados; el castigo de nuestra paz fue sobre Él, y por Su llaga fuimos nosotros curados. Todos nosotros nos descarriamos como ovejas, cada cual se apartó por su camino; mas El Señor cargó en Él el pecado de todos nosotros».[32]

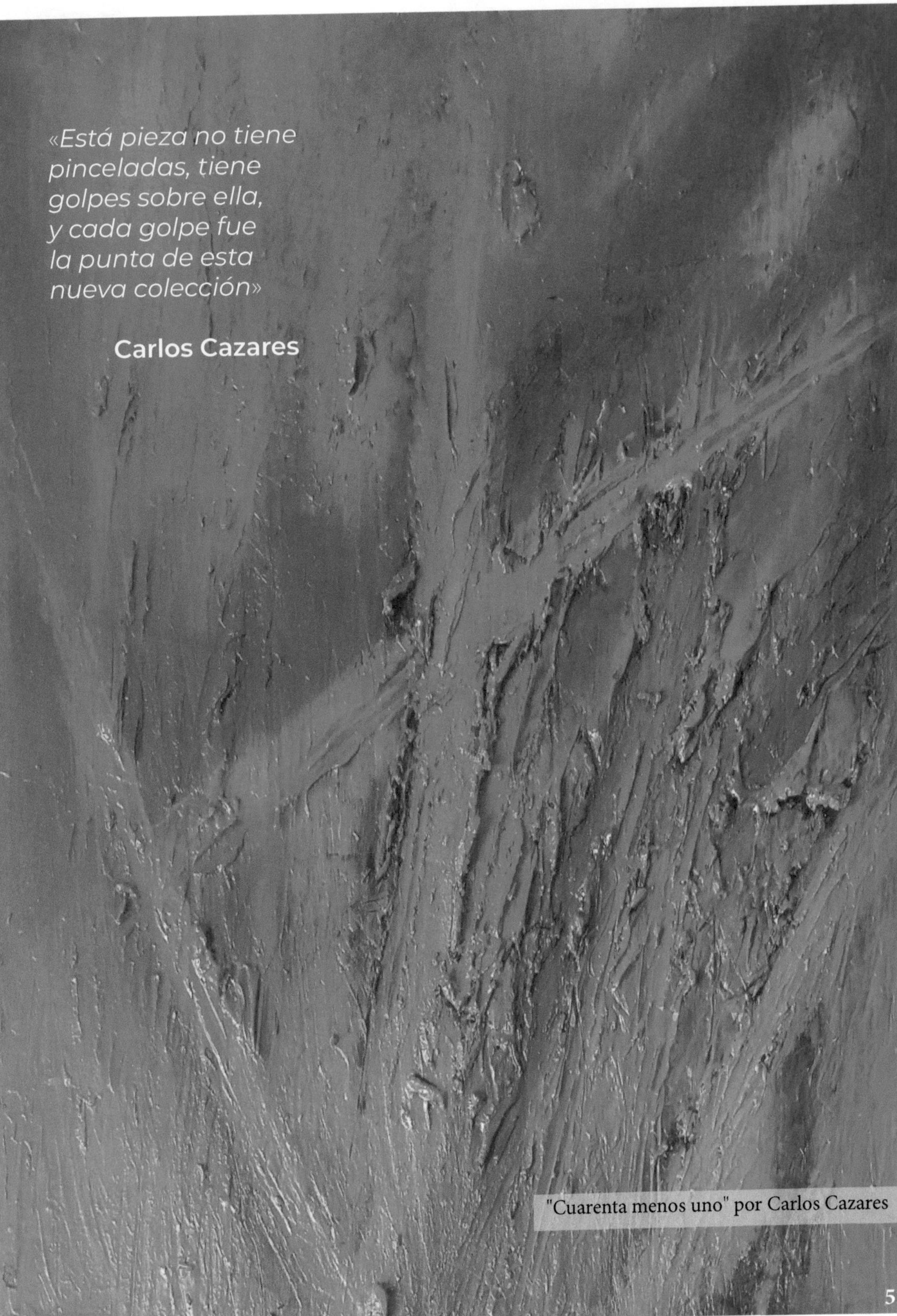

"Cuarenta menos uno" por Carlos Cazares

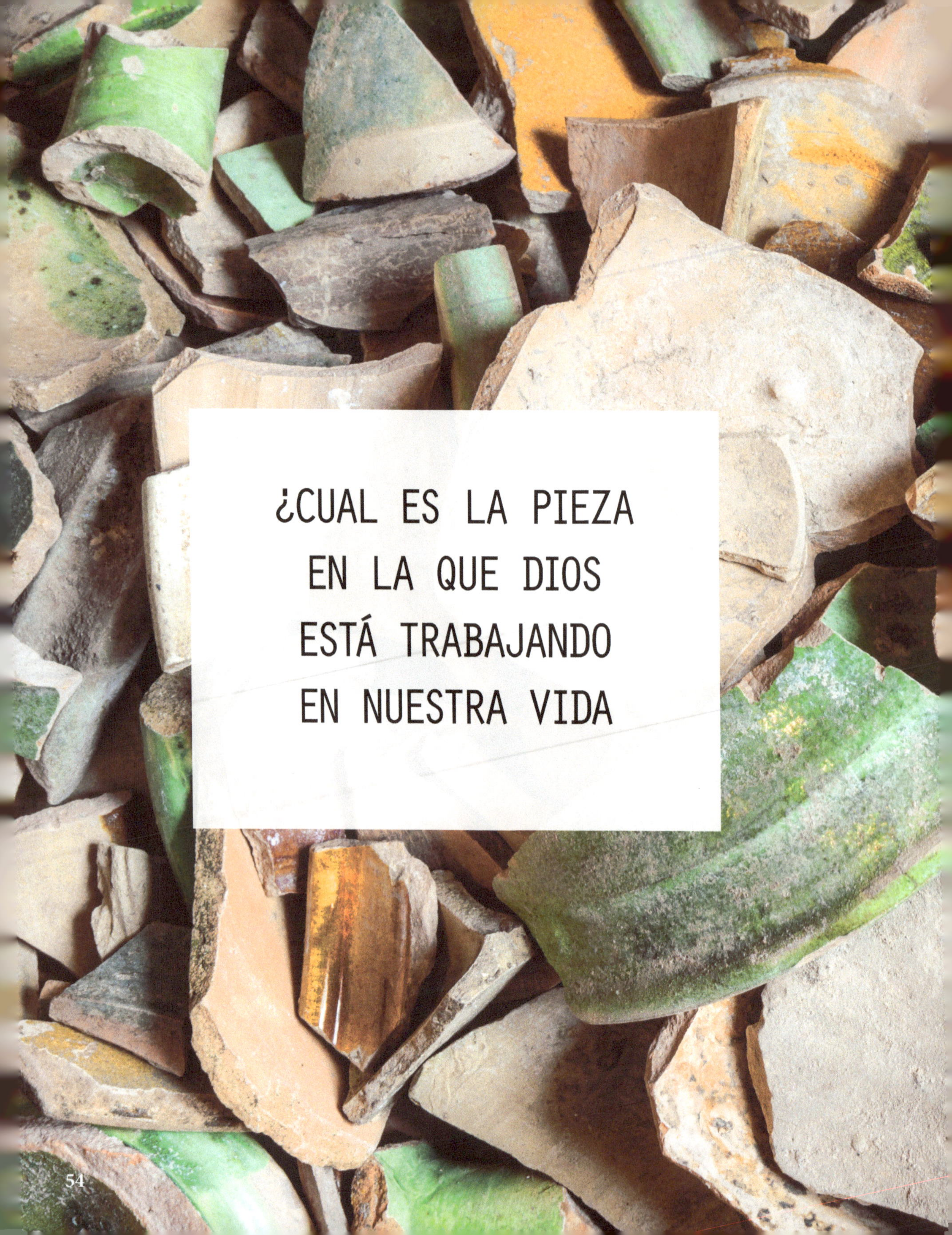
¿CUAL ES LA PIEZA
EN LA QUE DIOS
ESTÁ TRABAJANDO
EN NUESTRA VIDA

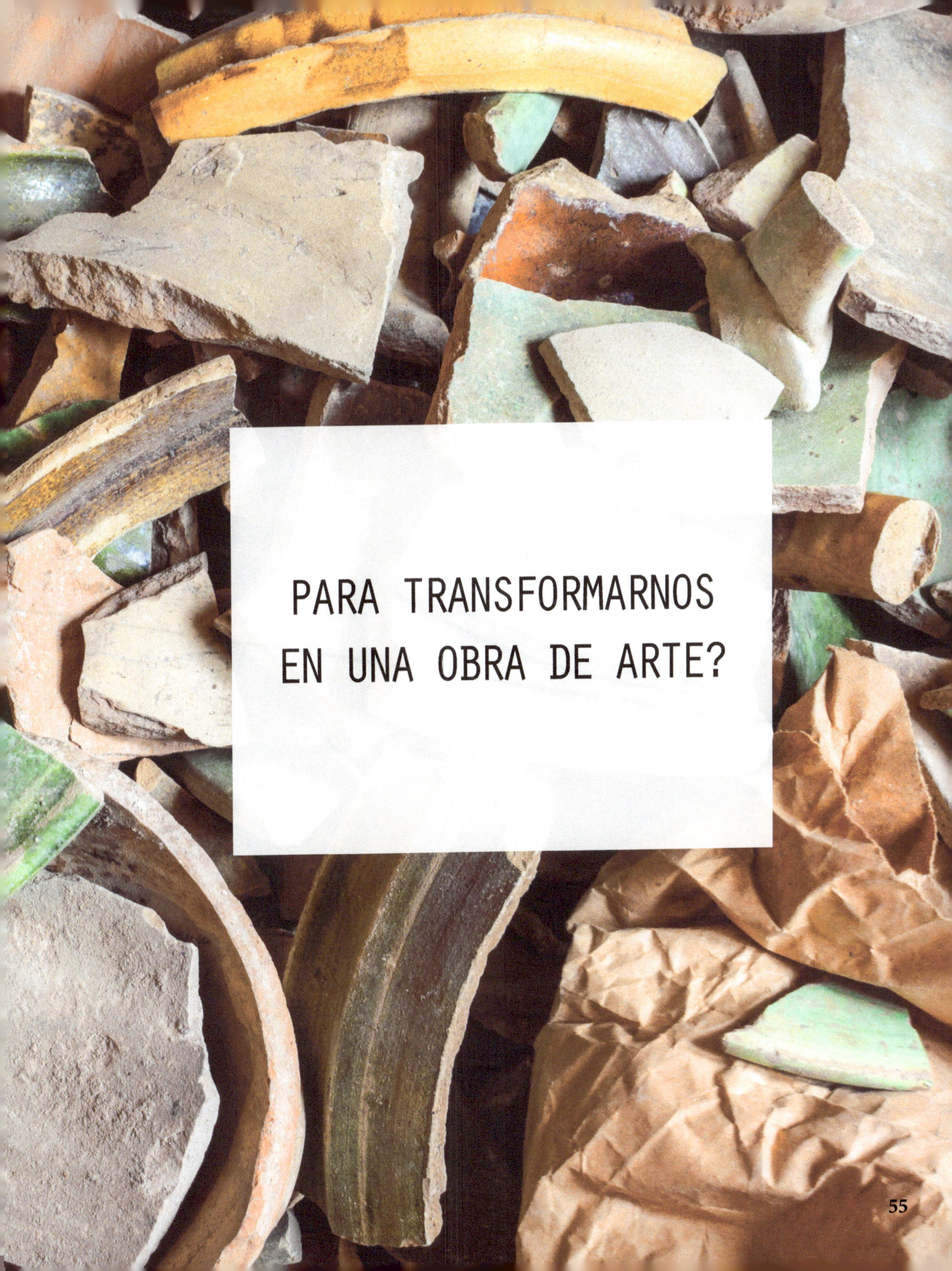

PARA TRANSFORMARNOS
EN UNA OBRA DE ARTE?

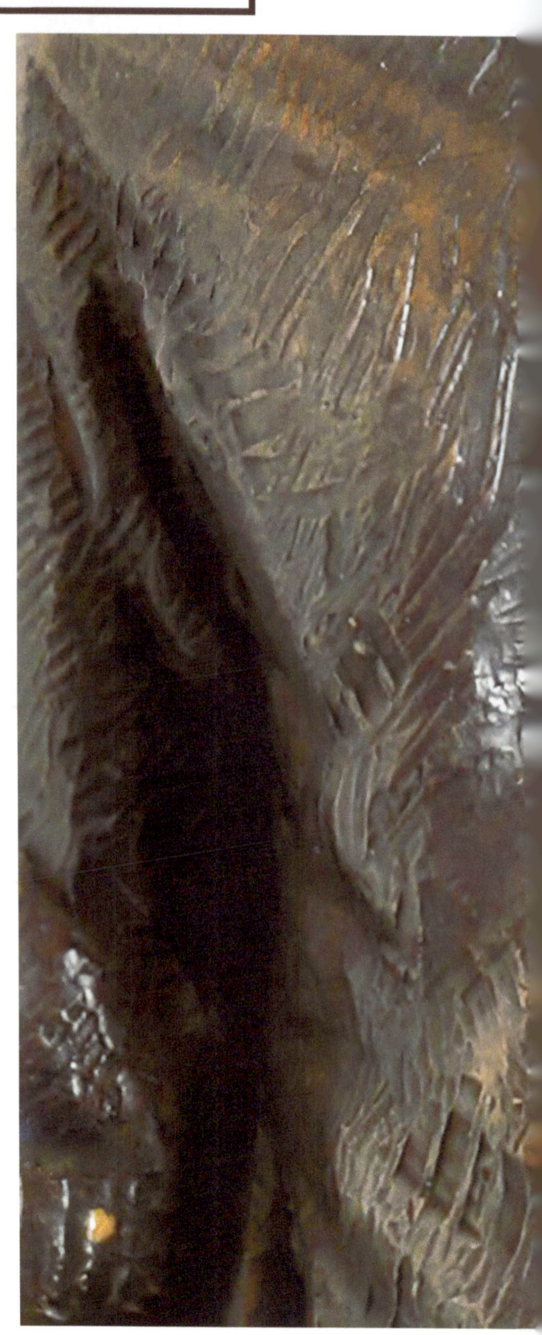

PORQUE DE EL

MANA
LA VIDA...
UN LUGAR
ABSTRACTO

DONDE SE ENCUENTRA LO
MÁS ÍNTIMO DE NOSOTROS

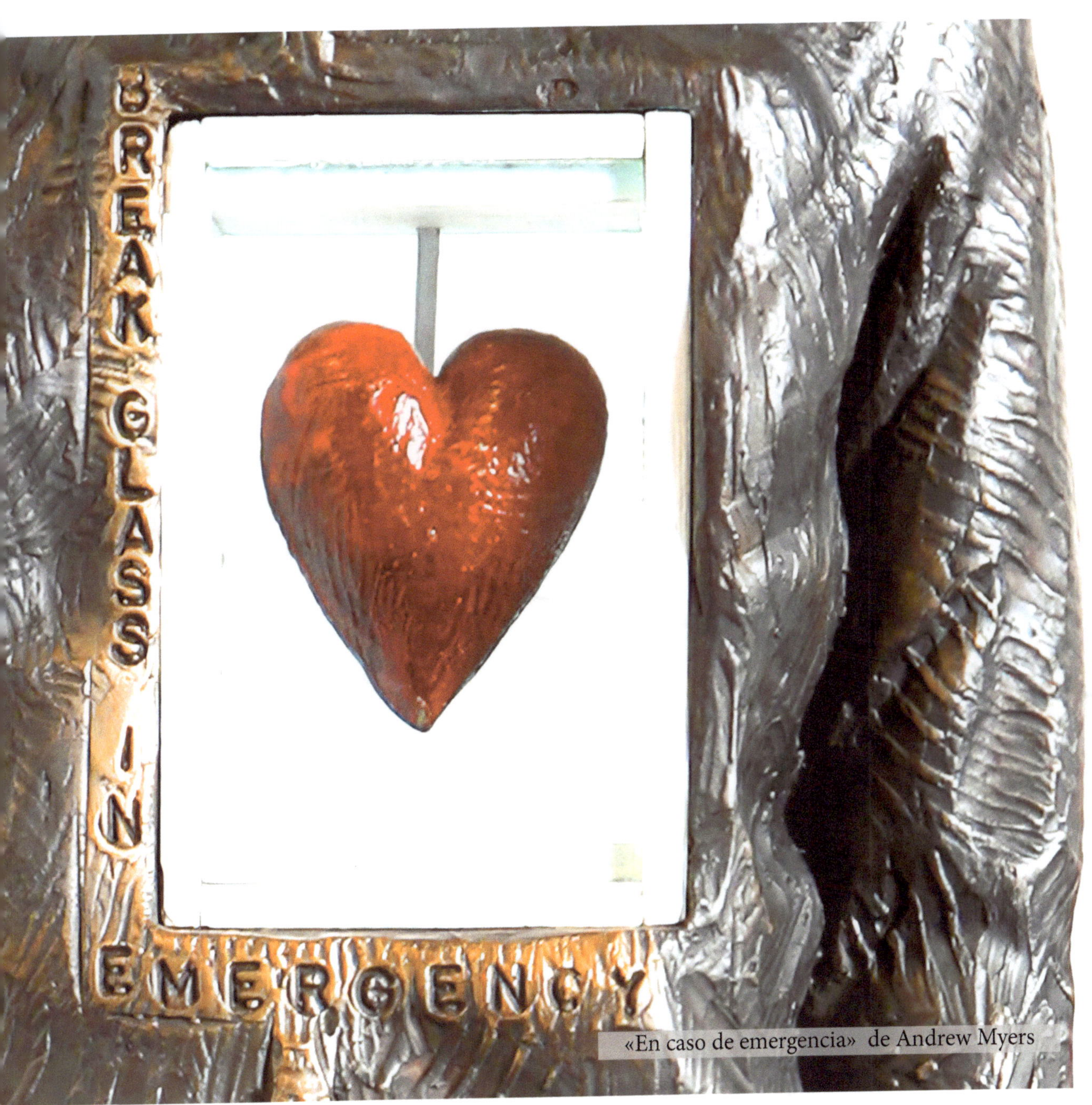

«En caso de emergencia» de Andrew Myers

EL CORAZÓN ES

lo que somos y de él sale

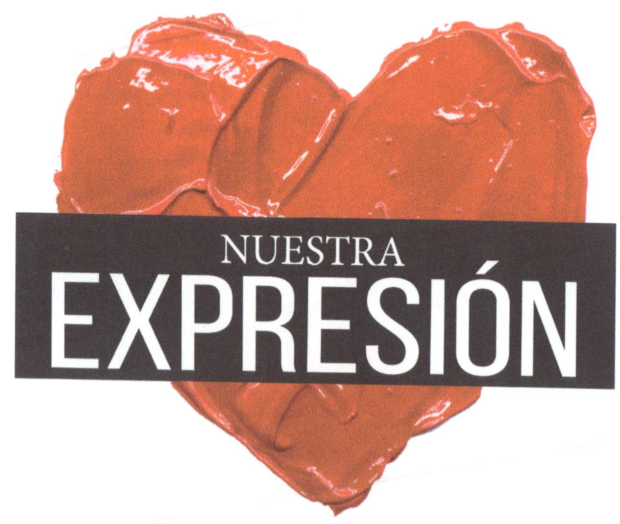

Del corazón mana la vida, y del corazón sale lo que somos. De ahí expreso mi creatividad y mi forma de pensar. De ahí sale lo que realmente tengo adentro. «Pero lo que sale de la boca, del corazón sale; y esto contamina al hombre».[33]

Cuidar nuestro corazón y nuestra mente es esencial ya que nuestra mente está conectado a lo que somos y lo que somos es nuestro corazón.

La expresión de Dios a través de nuestra vida provocará una influencia que transformará la vida de otras personas por medio de nuestros dones y habilidades.

«PARA MI EL ARTE ES LA EXPRESIÓN EXTERNA
DE LA VIDA INTERNA DEL ARTISTA»

Palemón Camú

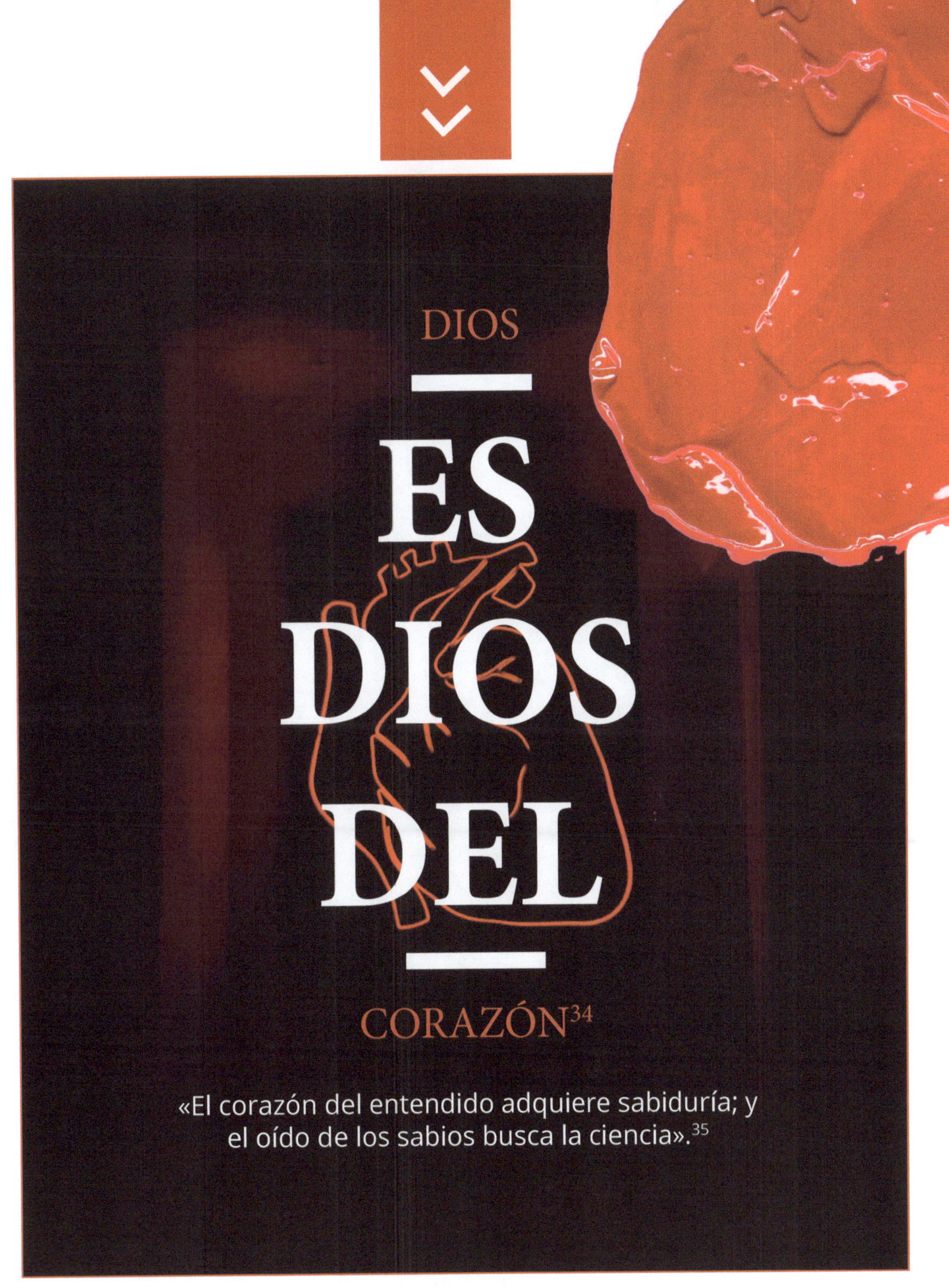

DIOS

ES

DIOS

DEL

CORAZÓN[34]

«El corazón del entendido adquiere sabiduría; y
el oído de los sabios busca la ciencia».[35]

«DAME HIJO TU CORAZÓN

y no pierdas de vista mis caminos ».[36]

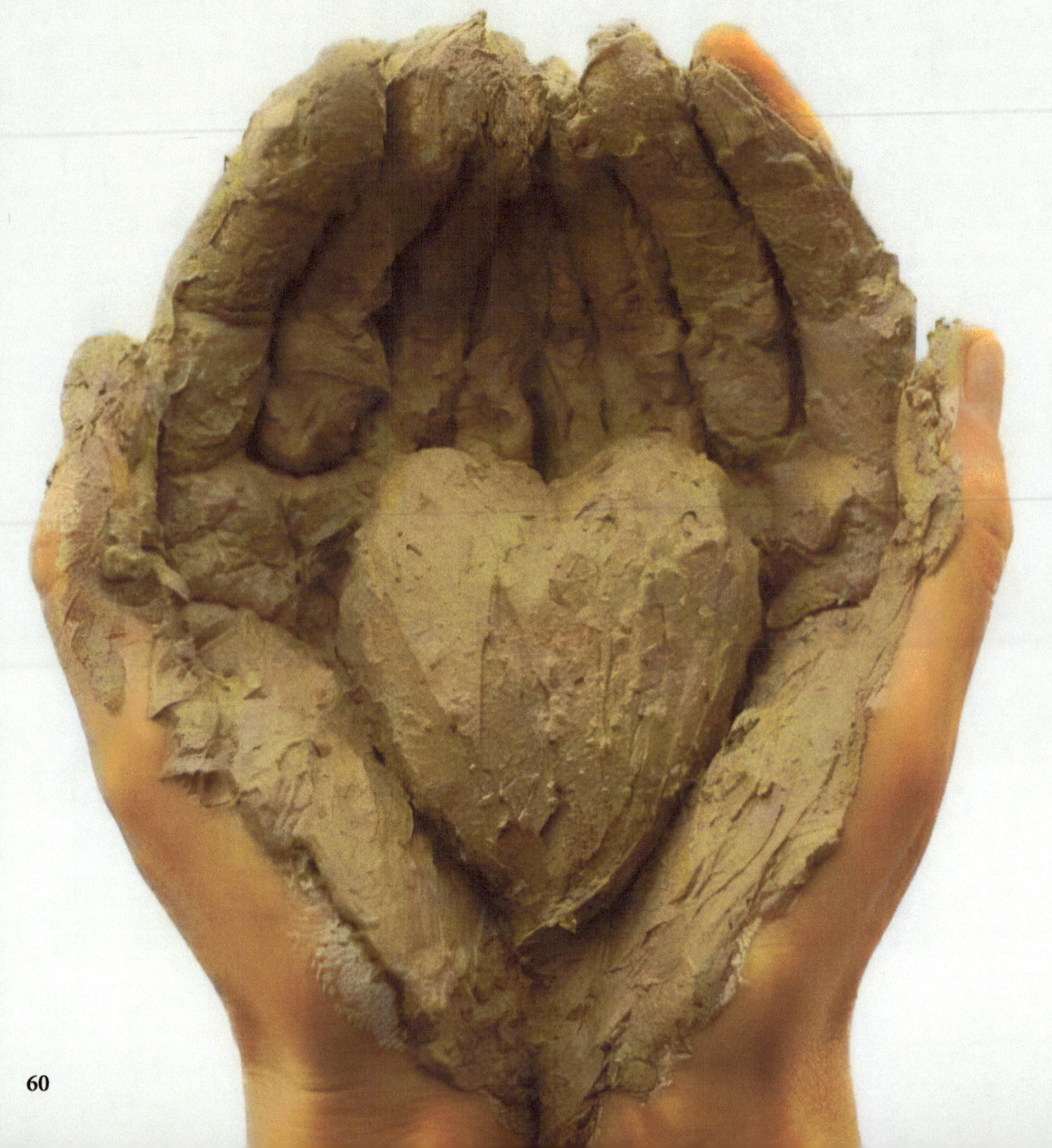

Para darle nuestro corazón a Dios necesitamos creer que Él puede restaurar un corazón quebrantado.

Hasta el más mínimo detalle.

Tal vez una parte ya está terminada, pero la obra será completada hasta el día en que veamos a Jesús cara a cara.

Hay momentos cuando podemos sentirnos satisfechos de que ya no somos los mismos después de haber nacido de nuevo, y el pensar de esta manera, permite o provoca que podamos caer en una actitud de conformismo o de pasividad espiritual. Esta forma de pensamiento va a estorbar el proceso de transformación, sobre todo, cuando en la vida seguiremos teniendo obstáculos o problemas y nos preguntamos: «¿Por qué?, si yo ya recibí a Cristo». Y ya no le damos al Espíritu Santo la oportunidad para continuar el proceso de transformación hasta que termine la obra.[10]

ESTOY AL FINAL DE LA CUERDA

«Se que todos los mandamientos de Dios son espirituales, pero yo no. **¿No es esta también tu experiencia?**».

¡Si, yo estoy tan lleno de mi mismo!, después de todo, he pasado mucho tiempo en la prisión del pecado [...]

Verdaderamente me deleito en los mandamientos de Dios, pero es bastante obvio que no todo lo que hay en mi ser se une a ese deleite; algunas áreas de mi vida se resisten encubiertamente, y cuando menos lo espero toman el control. He tratado todo y nada me ayuda, **¡estoy al final de la cuerda!**

¿Hay alguien que pueda hacer algo por mi?

¿No es esta la verdadera pregunta?

La respuesta es que gracias a Dios, Jesucristo puede hacerlo y en verdad lo hace. Él actuó para poner en orden todas las contradicciones de la vida, en la cuales yo quiero servir a Dios con todo mi corazón y mi mente, pero soy arrastrado por la influencia del pecado para hacer algo totalmente diferente.

Con la llegada de Jesús, el Mesías, el fatídico dilema queda resuelto. Aquellos que se apoyan en Cristo, no tienen porque vivir bajo esa continua nube obscura ¡UN NUEVO PODER ESTÁ EN OPERACIÓN! El Espíritu de Vida en Cristo Jesús como un viento recio ha despejado el aire magnificamente, liberándote de toda una vida de fatal y brutal tiranía en las manos del pecado y la muerte.

Dios lo resolvió de una vez por todas (se fue a la yugular) cuando envió a Su propio Hijo. No trató con el problema como algo remoto y sin importancia.

En su hijo, Jesús, personalmente tomó la condición de hombre, entró en medio de este desastre de nuestra humanidad para ponerla en orden de una vez por todas. El código de la ley fracturada, como siempre lo ha sido, por nuestra débil naturaleza humana nunca lo hubiera podido lograr.

La ley siempre termina siendo usada como un apósito o vendaje sobre el pecado en lugar de sanarlo de una manera profunda. Y ahora lo que el código de la ley nos pide, y que no podemos cumplir, se logra cuando en lugar de redoblar nuestros propios esfuerzos, simplemente abrazamos lo que el Espíritu Santo esta haciendo en nosotros.[37]

En este proceso debemos de poner nuestra esperanza y confianza en Dios, Él desea que solo confiemos en Él; que solo nos tomemos de Su mano y caminemos un paso más día a día.

Hay cosas que vemos que Dios está haciendo, pero ¿cuántas serán las que no vemos y que Dios nos está preparando para que podamos verlas en un futuro?

Necesitamos esperar en Él y esa palabra 'esperar' (en hebreo es קוה / qavah) que además de significar 'esperar, buscar, tener esperanza, confianza'; también significa 'recoger, unir atar con fuerza, tensión, estiramiento, torsión'.[p]

Cuando estamos esperando en el Señor, necesitamos atarnos como con una cuerda a Él; esto nos hará más fuertes, más resistentes, en «esperanza contra esperanza»[38] y la esperanza es el resorte de la fe que nos impulsa más allá de lo que ahora vemos. Cuando no veas claro, agárrate de la cuerda y vive por lo que aún no ves.

...Y AÚN CUANDO NO PUEDAS SOSTENERTE MÁS, PODRÁS VER QUE ÉL ES QUIEN TE TIENE SOSTENIDO.

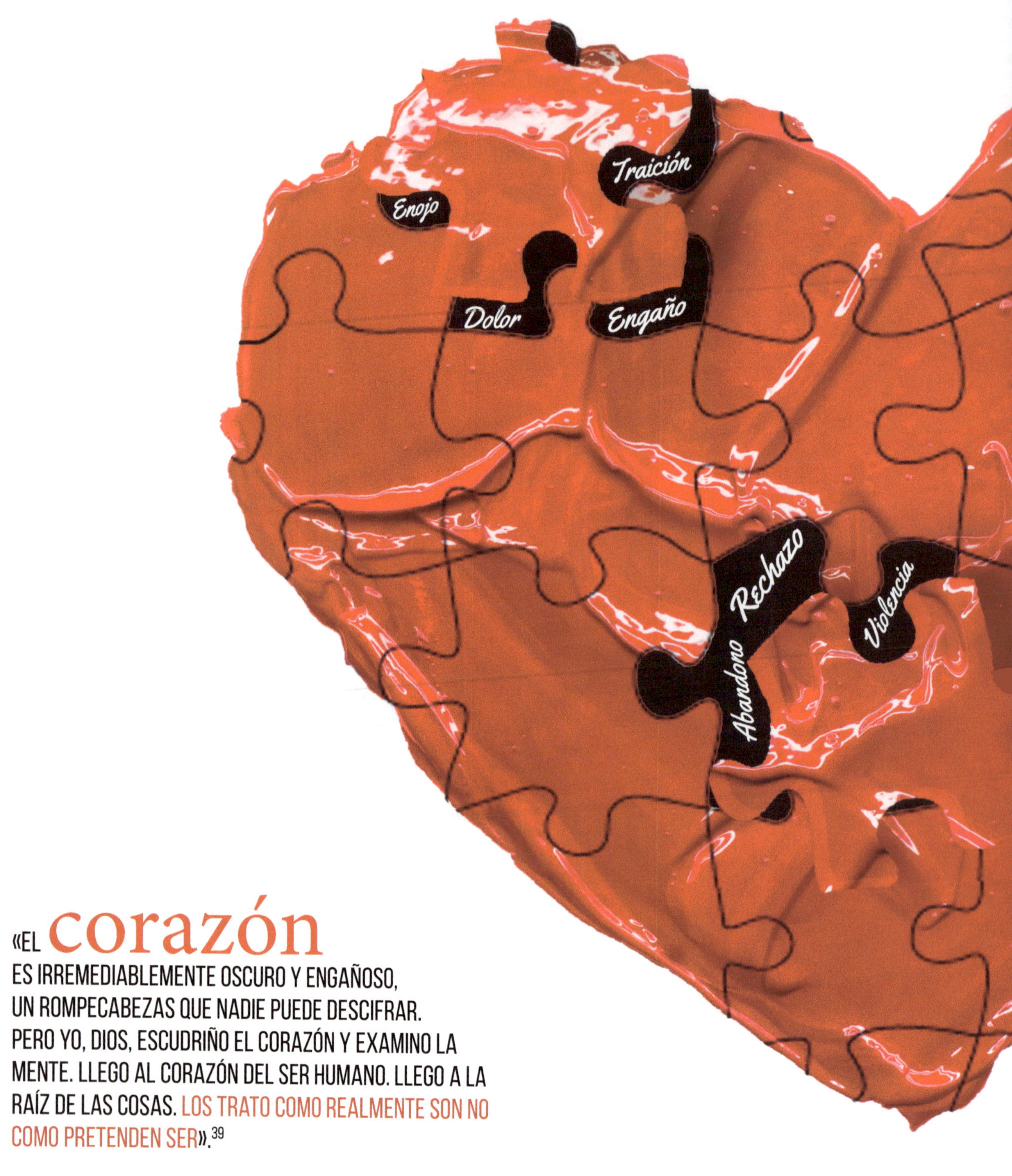

«EL **corazón** ES IRREMEDIABLEMENTE OSCURO Y ENGAÑOSO, UN ROMPECABEZAS QUE NADIE PUEDE DESCIFRAR. PERO YO, DIOS, ESCUDRIÑO EL CORAZÓN Y EXAMINO LA MENTE. LLEGO AL CORAZÓN DEL SER HUMANO. LLEGO A LA RAÍZ DE LAS COSAS. LOS TRATO COMO REALMENTE SON NO COMO PRETENDEN SER».[39]

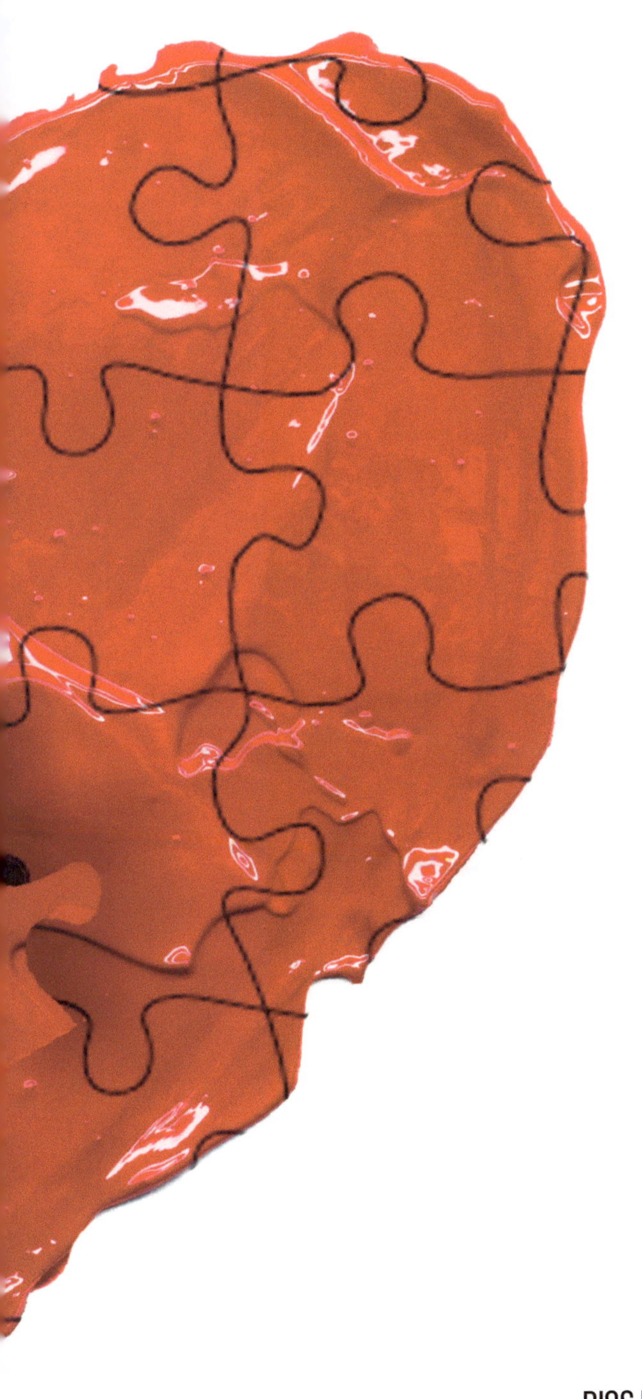

DIOS RESTAURÓ MI VIDA COMPLETA
CUANDO COLOQUÉ TODAS
LAS PIEZAS DELANTE DE ÉL.
CUANDO ACTUÉ PARA DÁRSELAS.
ÉL ME DIO UN COMIENZO FRESCO.
AHORA ESTOY ALERTA A LOS
CAMINOS DE DIOS; NO TOMO A DIOS A
LA LIGERA, TODOS LOS DÍAS MEDITO LAS
FORMAS EN QUE ÉL TRABAJA; INTENTO NO
PERDERME SUS ESTRATEGIAS. ME SIENTO
RESTABLECIDO, Y ESTOY ATENTO A MIS PASOS.
DIOS REESCRIBIÓ EL TEXTO DE MI VIDA CUANDO ABRÍ EL LIBRO
DE MI CORAZÓN DELANTE DE SUS OJOS.[40]

DEFENSOR

Tú vas, incluso antes de que yo lo sepa
que has ido a ganar mi guerra
Regresas con la cabeza de mi enemigo
Regresas, y le llamas mi victoria

Tú vas, incluso antes de que yo sepa
que has ganado la guerra por mi
Tu amor llegó a ser mi mayor defensa
que me guía desde el desierto seco

Y todo lo que hice fue alabar
Todo lo que hice fue adorar
Todo lo que hice fue postrarme
Todo lo que hice fue quedarme quieto

¡Aleluya!, Me has salvado
Es mucho mejor a tu manera
¡Aleluya!, Gran Defensor
Es mucho mejor a tu manera

Tu sabes antes que yo,
en donde puede buscar **mi corazón**
para encontrar tu verdad
Tu misericordia es la sombra en donde vivo
y, Tu restauras otra vez mi esperanza y fe

Cuando pensé que me había perdido a mi mismo
Tú sabías donde me había quedado
Me presentaste otra vez a tu amor
Recogiste todas mis piezas
Me reconstruiste
Eres el defensor de mi corazón

DIOS ES EL
DEFENSOR DE MI
CORAZÓN,

**«ES MI
EJERCITO DE UN
SOLO HOMBRE
LUCHANDO
CONTRA EL
MAL»**

Autores: John-Paul Gentile, Steffany Gretzinger y Rita Springer
Creditos: © 2016 Bethel Music Publishing (ASCAP) / Gateway Create Publishing (BMI) (adm. by CapitolCMGPublishing.com) / Kindred Joy Music (BMI) (admin by Music Services, Inc.).
Traducida por Carlos Moreno

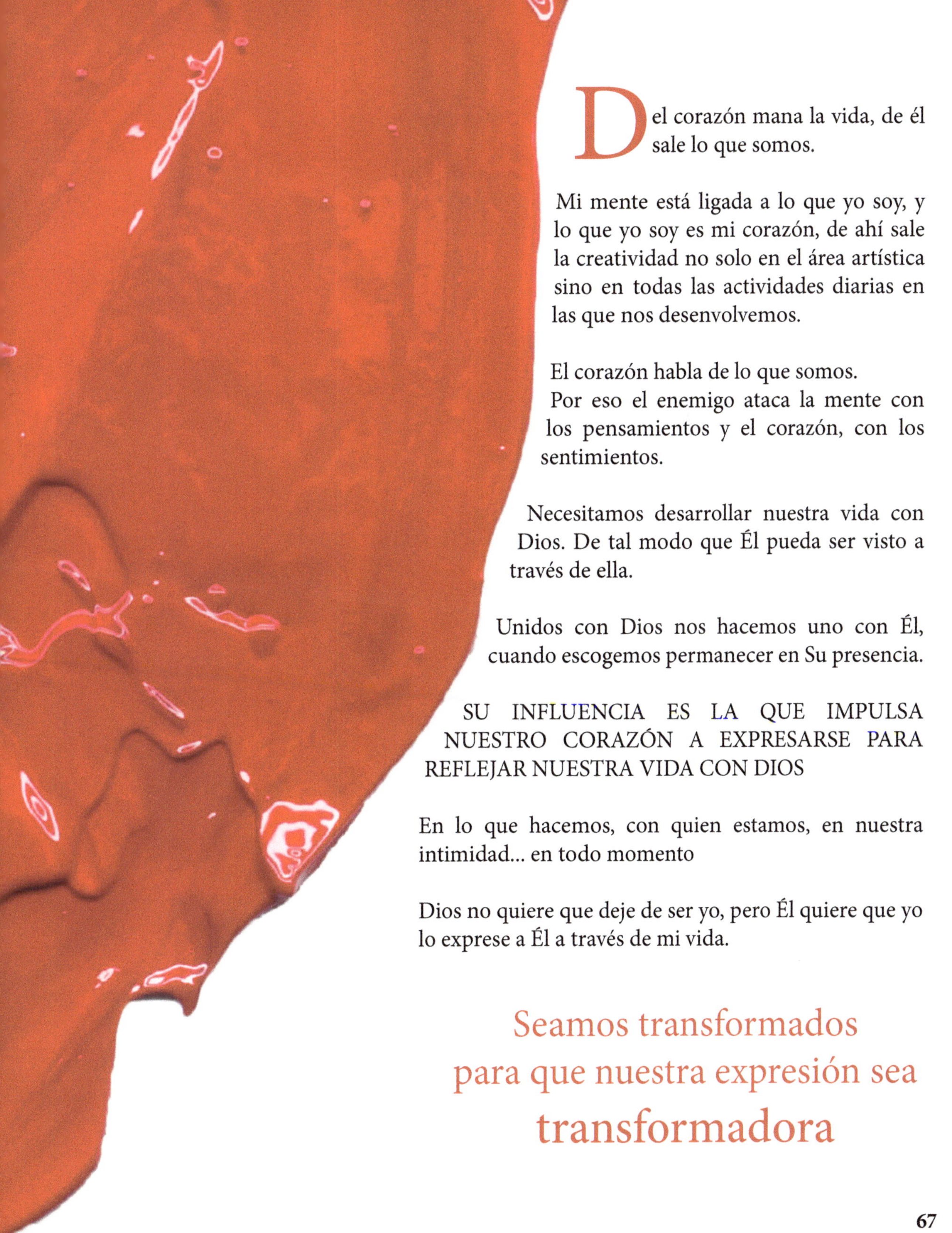

Del corazón mana la vida, de él sale lo que somos.

Mi mente está ligada a lo que yo soy, y lo que yo soy es mi corazón, de ahí sale la creatividad no solo en el área artística sino en todas las actividades diarias en las que nos desenvolvemos.

El corazón habla de lo que somos.
Por eso el enemigo ataca la mente con los pensamientos y el corazón, con los sentimientos.

Necesitamos desarrollar nuestra vida con Dios. De tal modo que Él pueda ser visto a través de ella.

Unidos con Dios nos hacemos uno con Él, cuando escogemos permanecer en Su presencia.

SU INFLUENCIA ES LA QUE IMPULSA NUESTRO CORAZÓN A EXPRESARSE PARA REFLEJAR NUESTRA VIDA CON DIOS

En lo que hacemos, con quien estamos, en nuestra intimidad... en todo momento

Dios no quiere que deje de ser yo, pero Él quiere que yo lo exprese a Él a través de mi vida.

Seamos transformados para que nuestra expresión sea transformadora

ESCRITURAS

Los versículos bíblicos se encontraron en bible gateway biblegateway.com
https://www.americanbible.org/about/legal/copyrights
Biblia The Message MSG (adaptación y traducción por Palemon Camu)

#1. Romanos 10:8-10

Mas ¿qué dice? Cerca de ti está la palabra, en tu boca y en tu corazón. Esta es la palabra de fe que predicamos: que si confesares con tu boca que Jesús es el Señor, y creyeres en tu corazón que Dios le levantó de los muertos, serás salvo. Porque con el corazón se cree para justicia, pero con la boca se confiesa para salvación.

#2. Hebreos 11:3

Por la fe entendemos haber sido constituido el universo por la palabra de Dios, de modo que lo que se ve fue hecho de lo que no se veía.

#3. JUAN 15:4

Permaneced en mí, y yo en vosotros. Como el pámpano no puede llevar fruto por sí mismo, si no permanece en la vid, así tampoco vosotros, si no permanecéis en mí.

#4. Romanos 1:19-20

Porque lo que de Dios se conoce les es manifiesto, pues Dios se lo manifestó. Porque las cosas invisibles de él, su eterno poder y deidad, se hacen claramente visibles desde la creación del mundo, siendo entendidas por medio de las cosas hechas, de modo que no tienen excusa.

#5. Salmos 8:3-4

Cuando veo tus cielos, obra de tus dedos, La luna y las estrellas que tú formaste, Digo: ¿Qué es el hombre, para que tengas de él memoria, Y el hijo del hombre, para que lo visites?

#6. Genesis 2:7

Entonces el SEÑOR Dios formó al hombre del polvo de la tierra. Sopló en su nariz aliento de vida, y el hombre llegó a ser un ser viviente.

#7. Genesis 1:27

Creó, pues, Dios al hombre a su imagen; a imagen de Dios lo creó; hombre y mujer los creó.

#8. Genesis 3:21

Y el Señor Dios hizo al hombre y a su mujer túnicas de pieles, y los vistió.

#9. Hebreos 4:12-16

Porque la palabra de Dios es viva y eficaz, y más cortante que toda espada de dos filos; y penetra hasta partir el alma y el espíritu, las coyunturas y los tuétanos, y discierne los pensamientos y las intenciones del corazón.

Y no hay cosa creada que no sea manifiesta en su presencia; antes bien todas las cosas están desnudas y abiertas a los ojos de aquel a quien tenemos que dar cuenta. Por tanto, teniendo un gran sumo sacerdote que traspasó los cielos, Jesús el Hijo de Dios, retengamos nuestra profesión. Porque no tenemos un sumo sacerdote que no pueda compadecerse de nuestras debilidades, sino uno que fue tentado en todo según nuestra semejanza, pero sin pecado. Acerquémonos, pues, confiadamente al trono de la gracia, para alcanzar misericordia y hallar gracia para el oportuno socorro.

#10. Filipenses 1:6

Estando persuadido de esto, que el que comenzó en vosotros la buena obra, la perfeccionará hasta el día de Jesucristo.

#11. Isaias 64:8 (RVA-2015)

Pero ahora, oh SEÑOR, tú eres nuestro Padre. Nosotros somos el barro, y tú eres nuestro alfarero; todos nosotros somos la obra de tus manos.

#12. Jeremias 1:5

Antes que te formase en el vientre te conocí, y antes que nacieses te santifiqué, te di por profeta a las naciones.

#13. Juan 3:3-6

Respondió Jesús y le dijo: De cierto, de cierto te digo, que el que no naciere de nuevo, no puede ver el reino de Dios.

Nicodemo le dijo: ¿Cómo puede un hombre nacer siendo viejo? ¿Puede acaso entrar por segunda vez en el vientre de su madre, y nacer?

Respondió Jesús: De cierto, de cierto te digo, que el que no naciere de agua y del Espíritu, no puede entrar en el reino de Dios.

Lo que es nacido de la carne, carne es; y lo que es nacido del Espíritu,[a] espíritu es.

#14. Efesios 4:13

Hasta que todos lleguemos a la unidad de la fe y del conocimiento del Hijo de Dios, a un varón perfecto, a la medida de la estatura de la plenitud de Cristo.

#15. Juan 14:26

Mas el Consolador, el Espíritu Santo, a quien el Padre enviará en mi nombre, él os enseñará todas las cosas, y os recordará todo lo que yo os he dicho.

#16. 2 Corintios 4:7

Pero tenemos este tesoro en vasos de barro, para que la excelencia del poder sea de Dios, y no de nosotros.

#17. Salmos 147:3

Él sana a los quebrantados de corazón, y venda sus heridas.

#18. Eclesiastés 3:15

Aquello que fue, ya es; y lo que ha de ser, fue ya; y Dios restaura lo que pasó.

#19. Salmos 107:20

Envió su palabra, y los sanó, Y los libró de su ruina.

#20. Salmos 22:24

Pues no ha pasado por alto ni ha tenido en menos el sufrimento de los necesitados; no les dio la espalda, sino que ha escuchado sus gritos de auxilio".

#21. Ezequiel 11:19-20

Y les daré un corazón y un espíritu nuevo pondré dentro de ellos; y quitaré el corazón de piedra de en medio de su carne, y les daré un corazón de carne, para que anden en mis ordenanzas, y guarden mis decretos y los cumplan, y me sean por pueblo, y yo sea a ellos por Dios.

#22. Eclesiastés 3:3
...Tiempo de SANAR...

#23. Filipenses 4:7
Y la paz de Dios, que sobrepasa todo entendimiento, guardará vuestros corazones y vuestros pensamientos en Cristo Jesús.

#24. Josue 23:14
Por mi parte, yo estoy a punto de ir por el camino que todo mortal transita. Ustedes bien saben que ninguna de las buenas promesas del señor su Dios ha dejado de cumplirse al pie de la letra. Todas se han hecho realidad, pues él no ha faltado a ningúna de ellas.

#25. Colosenses 1:27
A quienes Dios quiso dar a conocer las riquezas de la gloria de este misterio entre los gentiles; que es Cristo en vosotros, la esperanza de gloria.

#26. 1 Corintios 1:25-28
Pues mirad, hermanos, vuestra vocación, que no sois muchos sabios según la carne, ni muchos poderosos, ni muchos nobles; sino que lo necio del mundo escogió Dios, para avergonzar a los sabios; y lo débil del mundo escogió Dios, para avergonzar a lo fuerte; y lo vil del mundo y lo menospreciado escogió Dios, y lo que no es, para deshacer lo que es.

#27. Deuteronomio 7:9
Conoce, pues, que el Señor tu Dios es Dios, Dios fiel, que guarda el pacto y la misericordia a los que le aman y guardan sus mandamientos, hasta mil generaciones.

#28. 2 Corintios 3:2-3
Ustedes son nuestra carta, escrita en nuestro corazón, conocida y leída por todos los hombres. Es evidente que ustedes son carta de Cristo, expedida por nosotros, escrita no con tinta, sino con el Espíritu del Dios vivo; no en tablas de piedra, sino en las tablas de corazones humanos.

#29. Mateo 5:14-16
Vosotros sois la luz del mundo; una ciudad asentada sobre un monte no se puede esconder. Ni se enciende una luz y se pone debajo de un almud, sino sobre el candelero, y alumbra a todos los que están en casa. Así alumbre vuestra luz delante de los hombres, para que vean vuestras buenas obras, y glorifiquen a vuestro Padre que está en los cielos.

#30. 1 Corintios 13:12
Ahora vemos por espejo, oscuramente; más entonces veremos cara a cara. Ahora conozco en parte; pero entonces conoceré como fui conocido.

#31. Apocalipsis 13:8b RVA 2015
... el Cordero, quien fue inmolado desde la fundación del mundo.

#32. Isaías 53:4-6
"Ciertamente llevó él nuestras enfermedades, y sufrió nuestros dolores; y nosotros le tuvimos por azotado, por herido de Dios y abatido.Mas él herido fue por nuestras rebeliones, molido por nuestros pecados; el castigo de nuestra paz fue sobre él, y por su llaga fuimos nosotros curados. Todos nosotros nos descarriamos como ovejas, cada cual se apartó por su camino; mas el Seõr cargó en él el pecado de todos nosotros."

#33. Mateo 15:18

Pero lo que sale de la boca, del corazón sale; y esto contamina al hombre.

#34. 1 Samuel 16:7

Y el Señor respondió a Samuel: No mires a su parecer, ni a lo grande de su estatura, porque yo lo desecho; porque Jehová no mira lo que mira el hombre; pues el hombre mira lo que está delante de sus ojos, pero Jehová mira el corazón.

#35. Proverbios 18:15

El corazón del entendido adquiere sabiduría; y el oído de los sabios busca la ciencia.

#36. Proverbios 23:26

Dame, hijo mío, tu corazón, Y miren tus ojos por mis caminos.

#37. Romanos 7:14-8:4 MSG

"Yo se que todos los mandamientos de Dios son espirituales, pero yo no. ¿No es esta también tu experiencia?; ¡Si, yo estoy lleno de mi mismo!, después de todo me he llevado mucho tiempo en la prisión del pecado" Lo que no entiendo es que decido hacer las cosas de un modo y actuó de otra manera, el tratar de hacer las cosas bien es absolutamente desesperante. Si nose puede confiar en ml para hacer lo que mas me conviene, entonces es obvio que los mandamientos de Dios son necesarios.

¡PERO YO NECESITO ALGO MAS!, porque si yo conozco los mandamientos y no los puedo cumplir y si el poder del pecado que hay en mí se mantiene saboteando mis mejores intenciones; obviamente necesito ayuda!

Me doy cuenta que no tengo lo que se necesita, lo puedo desear pero no lo puedo hacer; decido hacer el bien, pero realmente no lo hago, decido no hacer lo malo y de todos modos lo hago. Mis decisiones no resultan en acciones tal y cual.

Algo muy profundo en miser ha estado mal y esto me roba de sacar lo bueno que yo se que hay en mi. Sucede en una forma tan regular que es predecible. En el momento en que decido hacer lo bueno el pecado se me atraviesa y me hace caer.

Verdaderamente me deleito en la Palabra de Dios, pero es obvio que no todo lo que hay en mi ser se deleita; algunas areas de mi vida se resisten y cuando menos lo espero cedo a ellas.

He tratado todo y nada me ayuda, ¡estoy al final de la cuerda!

¿Hay alguien que pueda hacer algo por mi?, ¿no es esta la verdadera pregunta?
La respuesta es que gracias a Dios, Jesucristo puede hacerlo y en verdad lo hace, El actuó para poner en orden todas las contradicciones de la vida, en la cual yo quiero servir a Dios con todo mi corazón y mi mente, pero soy arrastrado por las influencias del pecado en este mundo para hacer algo totalmente diferente.

Con la llegada de Jesus el Mesías, el fatídico dilema esta resuelto. Aquellos que entran en Cristo, quien esta por nosotros, no tenemos porque vivir bajo esa continua nube obscura i UN NUEVO PODER ESTA EN OPERACION ! El Espíritu de Vida en Cristo Jesus como un viento recio ha despejado el aire liberándote de esta fatal forma de vida y brutal tiranía en las manos del pecado y la muerte.

Dios nos dio todo cuando envió a su propio

Hijo. No trató con el problema como algo remoto y sin importancia (se fue a la yugular).

En su hijo Jesus el tomo personalmente la condición de hombre, en medio de este desorden de la lucha de nuestra humanidad para que de una vez por todas ponerla en orden. El código de la ley debilitada por nuestra fragilidad humana nunca lo hubiera podido hacer.

La ley siempre termina siendo usada como un curita o un analgésico en lugar de una profunda sanidad de mi ser. Y ahora lo que el código de la ley me pide y que con nuestro propio esfuerzo no podemos cumplir, en lugar de redoblar mi esfuerzo, simplemente abrazo lo que el Espíritu Santo esta haciendo por nosotros.

Aquellos que piensan que lo pueden hacer en sus propias fuerzas terminan obsesionados midiendo su propia musculatura moral, pero no pueden lograrlo en su totalidad a la vida real. Aquellos que confían en la acción de Dios en ellos encuentran la vida de Dios mismo; y el soplo del Espíritu en ellos.

La obsesión en nosotros mismos en esta situación nos lleva a un camino sin salida. La atención en Dios nos lleva a lugares abiertos, a un espacio de una vida en libertad.
Cualquiera que se observe asimismo, ignora a Dios y termina pensando mas en el mismo que en Dios.

#38. Romanos 4:18
El creyó en esperanza contra esperanza, para llegar a ser padre de muchas gentes, conforme a lo que se le había dicho: Así será tu descendencia.

#39. Jeremías 17:9-10 MSG
"El corazón es irremediablemente oscuro y engañoso, un rompecabezas que nadie puede descifrar. Pero Yo, DIOS, busco el corazón y examino la mente. Llego al corazón de lo humano. Llego a la raíz de las cosas. Los trato como realmente son, no como pretenden ser".

#40. Salmos 18:24 MSG
Dios hizo mi vida completa cuando coloqué todas las piezas delante de Él. Cuando actúe para dárselas. Él me dio un comienzo fresco. Ahora estoy alerta a los caminos de Dios; No tomo a Dios a la ligera Todos los días medito las formas En que Él trabaja; Intento no perderme sus estrategias. Me siento precavido, y estoy atento a mis pasos. Dios reescribió el texto de mi vida cuando abrí el libro de mi corazón a sus ojos.

REFERENCIAS

a. Patricia Camú, Siéntate un Rato Conmigo (Dallas, TX: Christ for The Nations Inc., 2016) Pág. 12

b. «Ocean Sole Africa»; y Ocean Sole Africa (2019); Impact Statistics; Nairobi, Kenya. consultado en diciembre de 2019. oceansoleafrica.com

c. «Ocean Sole Africa». (2019) Impact statistics. [panfleto] Nairobi, Kenya

d. «Ocean Sole»; Alternative; consultado en diciembre de 2019; arternativespace.com/collections/ocean-sole

e. «DNA Is a Structure That Encodes Biological Information» [El ADN es una estructura que codifica información biológica]; Scitable by Nature Education; consultado el 1 de mayo de 2020; nature.com/scitable/topicpage/dna-is-a-structure-that-encodes-biological-64930502

f. Lorena Infante Lara; «El ambiente donde crece un niño puede alterar su ADN e influir en cuánto se enferma de adulto»; Genética; Univisión; consultado el 1 de mayo de 2020; univision.com/noticias/genetica/el-ambiente-donde-crece-un-nino-puede-alterar-su-adn-e-influir-en-cuanto-se-enferma-de-adulto

g. Bob Grant; «Does Our DNA Make Us All Unique or All the Same?» [¿Nuestro ADN nos hace a todos únicos o a todos iguales?]; 1 de septiembre de 2019;

The Scientist; consultado el 1 de mayo de 2020;

the-scientist.com/editorial/does-our-dna-make-us-all-unique-or-all-the-same--66307

h. «A Rough Portrait of Your Face, Painted by your DNA» [Un retrato aproximado de su rostro pintado por su ADN]; Science in The News (SITN; The Graduate School of Arts and Sciences; Harvard University; consultado el 1 de mayo de 2020; sitn.hms.harvard.edu/flash/2019/rough-portrait-face-painted-dna/

i. «Genetic Fingerprinting Explained» [Huellas dactilares del ADN explicadas]; Department of Genetics and Genome Biology; University of Leicester; consultado el 1 de mayo de 2020; www2.le.ac.uk/departments/genetics/jeffreys/explained

j. «What does DNA sound like? Using music to unlock the secrets of genetic code» [¿Como a que suena el ADN? Usando música para descubrir los secretos del código genético] Mark Temple conferencista en Biología

Molecular en la Universidad de Oeste de Sydney. Consultado el 26 de Junio de 2020. theconversation.com/what-does-dna-sound-like-using-music-to-unlock-the-secrets-of-genetic-code-78767

k. Hofstadter, Douglas (1999). Gödel, Escher, Bach (1980 ed.). Vintage Books. p. 519. ISBN 978-0-465-02656-2.

l. Andrew Myers, «In Case of Emergency». Consultado el 11 de Marzo de 2018. andrewmyersart.com/bronze-sculptures#/break-in-case-of-emergency/

m. Mary Elizabeth Podles, «Rembrandt van Rijn's Self- Portrait as the Apostle Paul», Touchstone Magazine Nov/Dec 2013 pág. 30

n. Carlos Cazares , «mural de museo de la historia de la Tierra». Consultado en Abril de 2017. vimeo.com/7172200

o. Carlos Cazares, «Colección 40-1» Consultado en Abril de 2017. vimeo.com/964069

p. «Qavah»; The NAS Old Testament Hebrew Lexicon [Léxico hebreo del Antiguo Testamento NAS]; Bible Study Tools; consultado en abril de 2020; biblestudytools.com/lexicons/hebrew/nas/qavah.html

q. Letra tomada de «Defender (Official Lyric Video)»; Rita Springer (4 de abril de 2017); YouTube: youtube.com/watch?v=TdqenA8k_GU

«Defender»; escrita por John-Paul Gentile, Steffany Gretzinger y Rita Springer; interpretada por Rita Springer; © 2016 Bethel Music Publishing (ASCAP) / Gateway Create Publishing (BMI) (adm. by CapitolCMGPublishing.com) / Kindred Joy Music (BMI) (admin by Music Services, Inc). Todos los derechos reservados. Usada con permiso. Traducida por Carlos Moreno.

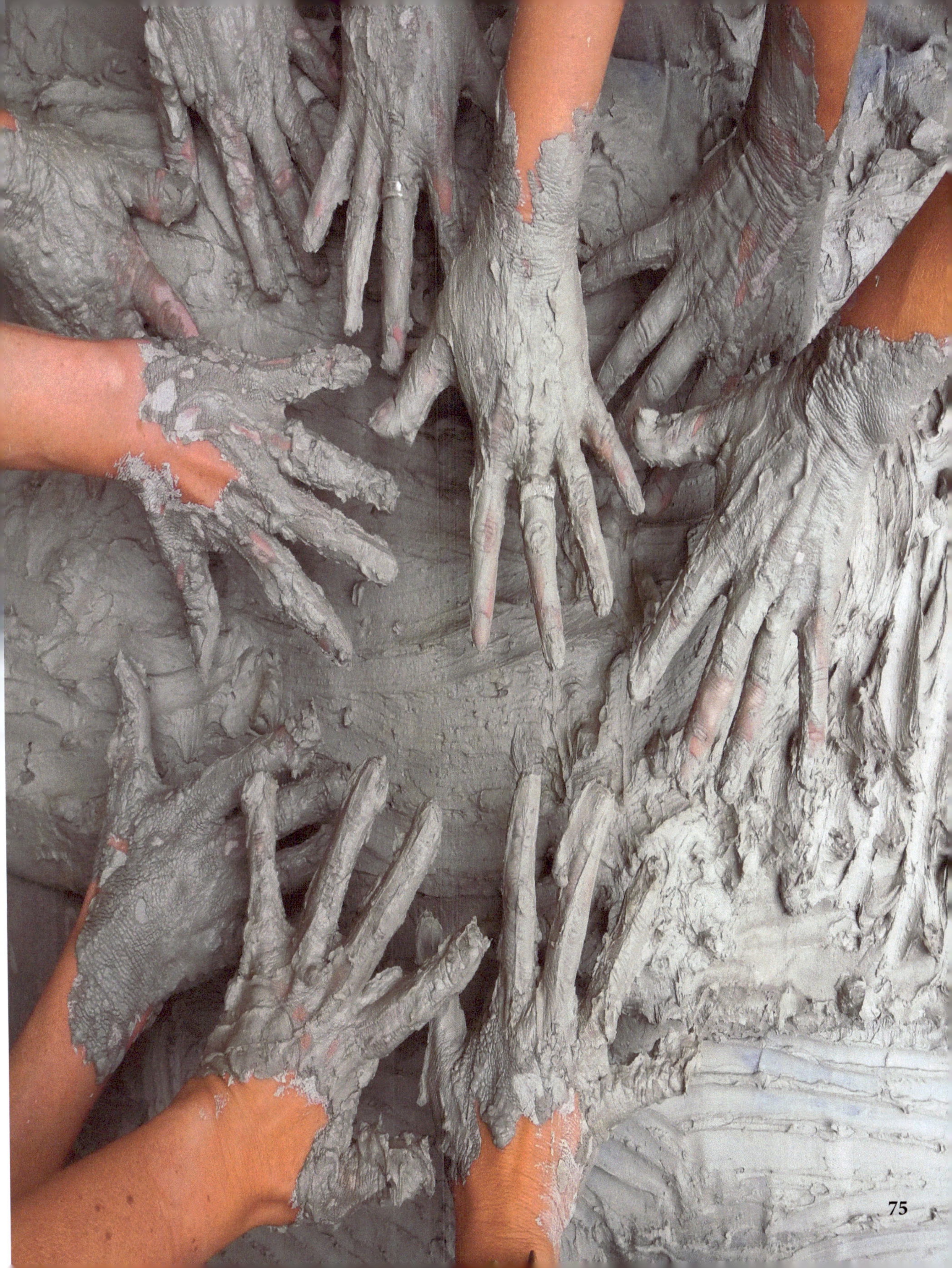

ARTISTAS

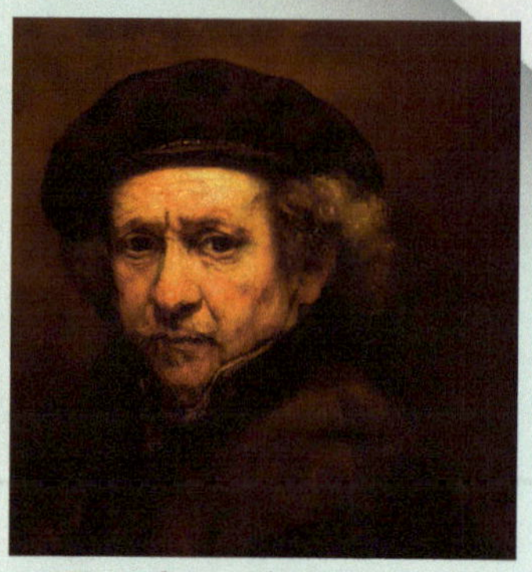

01 Rembrandt Van Rijn
Autorretrato de Rembrandt
como el Apostol Pablo.
Museo Nacional de
Ármesterdam
www.rijksmuseum.nl

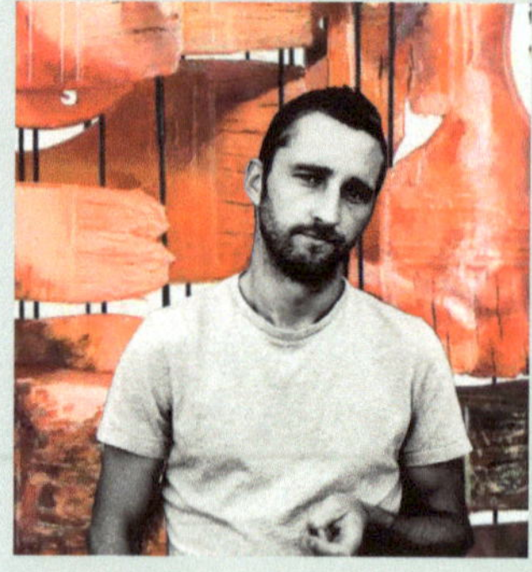

02 Andrew Myers
In case of Emergency
www.andrewmyersart.com

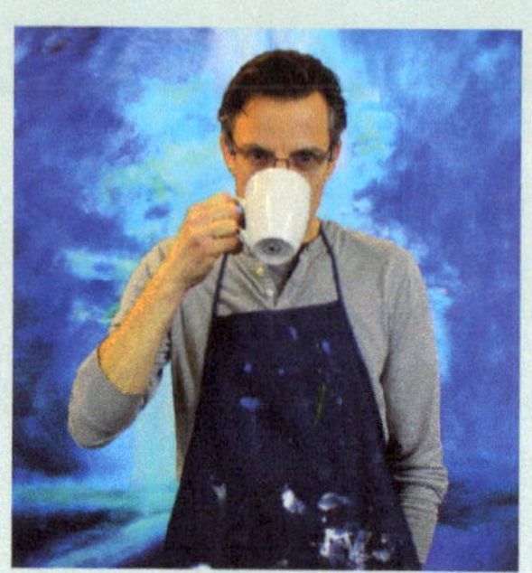

03 Carlos Cazares
40-1
www.carloscazares.com

www.ingramcontent.com/pod-product-compliance
Lightning Source LLC
Chambersburg PA
CBHW042042110726
48006CB00002B/268